LEONIDA

RACCONTI DIDATTICI PER LA SCUOLA PRIMARIA

CLASSI 1ª e 2ª

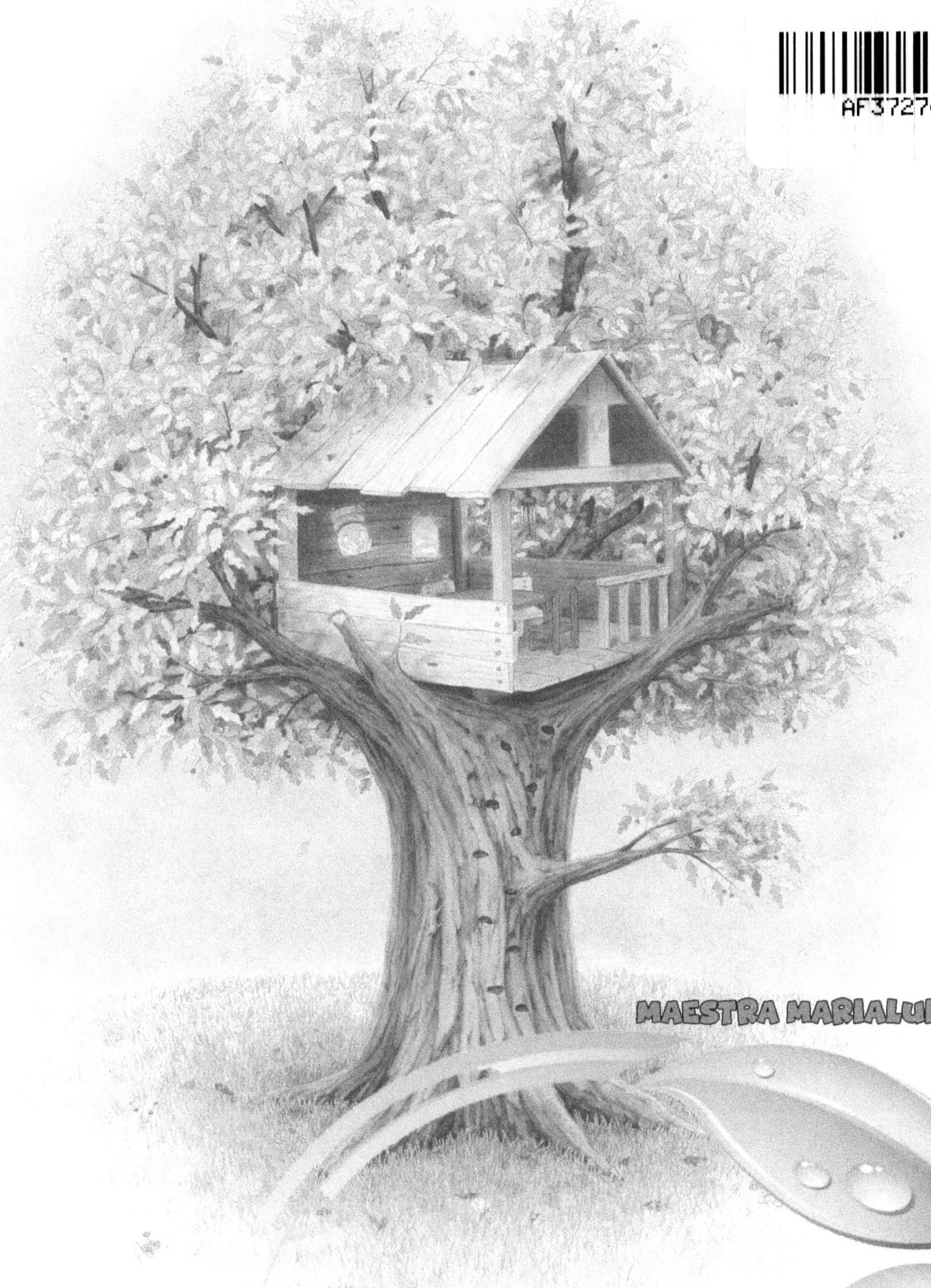

MAESTRA MARIALUISA ARISI

DIDATTICA INCLUSIVA.
PERCORSI DIDATTICI DIVERSIFICATI.
SVILUPPO DELLE ABILITA LINGUISTICHE
POTENZIAMENTO DEI PROCESSI COGNITIVI.
ATTENZIONE AGLI ASPETTI EMOTIVO-RELAZIONALI.

PREMESSA

L'amicizia è un sentimento bellissimo, spesso nasce tra i banchi di scuola ma talvolta può deluderti, a causa di gelosie e rancori. Una buona relazione tra compagni di classe è importante sul piano umano, per il benessere e la maturazione dei bambini.

Nella vita di ognuno di noi possono esserci momenti difficili che creano disagio, questo succede anche ai bambini; essi possono vivere preoccupazioni, sofferenze, dispiaceri non espressi e ciò può causare loro problemi a livello relazionale, cali nel rendimento e nella motivazione.

Per questo la scuola deve ampliare il suo panorama formativo, non riducendosi alla sola trasmissione di contenuti disciplinari; è necessario offrire agli alunni strategie per affrontare le situazioni difficili, per stare bene con gli altri, fornendo loro la chiave per imparare a leggere accuratamente le proprie emozioni e quelle altrui, ciò consentirà loro di mettersi panni degli altri sviluppando l'empatia.

Una buona conoscenza delle proprie emozioni permette al bambino di conoscere meglio sé stesso, lo rende capace di identificarle e comprenderle; riconoscerle e accettarle a pieno rende più forti, resilienti e consapevoli del proprio valore e di quello degli altri. È proprio questo il motivo per cui le emozioni vengono messe in luce ed analizzate in tutto il racconto.

Il libro è basato su esperienze vissute e su quelle che potrebbero accadere in ambito scolastico, comprese le relative problematiche affrontate dai bambini e da me riscontrate durante i miei anni di insegnamento.

Parla principalmente di amicizia, legami profondi tra bambini aventi personalità completamente diverse; offre spunti di riflessione sull'inclusione, la diversità e il rispetto; spiega cosa sono le emozioni e aiuta l'allievo a riconoscerle.

Gli argomenti trattati stimoleranno inoltre gli alunni ad interagire tra loro senza escludere, discriminare e a non ferire gli altri; trovando il modo migliore per superare malintesi e incomprensioni, comunicando e collaborando nel gruppo, frenando i fraintendimenti, contenendo i conflitti, aiutando gli altri nei momenti del bisogno cercando di farli stare bene.

Si affronta inoltre il tema relativo al rispetto e all'abbandono degli animali. Gli alunni devono essere guidati a capire che anch'essi provano paura, tristezza e dolore come noi e quindi possono soffrire sia fisicamente che psicologicamente; per questo vanno tutelati.

Nel testo si analizza anche l'argomento bullismo, è un invito a riflettere su un tema di grande attualità utile a confrontarsi e a parlarne.

Come ben sappiamo il silenzio è un alleato del bullismo, un comportamento sociale deviante che va combattuto conoscendone la causa che spinge il bambino a praticarlo su altri suoi simili.

È un racconto che rivaluta inoltre l'educazione, la gentilezza, le buone maniere e soprattutto il rispetto delle regole, degli insegnanti, dei genitori, insomma degli adulti in generale ma anche dei coetanei.

In definitiva l'intento è quello di coniugare la narrativa per ragazzi e le annesse attività didattiche, con tematiche a sfondo etico, che catturino la loro attenzione coinvolgendoli in ogni avventura e spingendoli ad immedesimarsi nei protagonisti.

STRUTTURA

Il libro è composto da 14 storie del vissuto di Leo, un bambino di dieci anni che ha impresso nella sua mente le esperienze più significative affrontate durante i cinque anni di scuola primaria e successivamente ne ha fatto una specie di diario.

Le energie intellettuali necessarie a capire un testo sono enormi, soprattutto se si è esordienti nella pratica della lettura e l'attività di comprensione di un testo necessita di tanta empatia. Per questo si consiglia che la lettura venga effettuata dall'insegnante al fine di accendere l'interesse dei bambini, non senza aver creato prima l'atmosfera adatta, aspettando il silenzio totale della classe e promuovendo al tempo stesso un atteggiamento attivo degli alunni.

È fondamentale dunque creare all'interno della classe un clima favorevole, organizzando anche una zona deputata alla lettura; nel contempo si consiglia inoltre l'utilizzo di componenti non verbali come la gestualità, la mimica e l'uso enfatico della voce, in tal modo si stimoleranno negli alunni le capacità di ascolto e comprensione con un approccio motivante.

Se ritenuto opportuno, la lettura può anche avvenire autonomamente per la classe seconda, in quanto i vari racconti presentano un lessico molto vario che permette all'alunno di comprendere il significato dei vocaboli in base al contesto della frase in cui sono inseriti. Le parole più difficili sono evidenziate in grassetto e spiegate con note in calce.

Per creare un maggior coinvolgimento emotivo nelle classi, stimolare il piacere della lettura e migliorare la fluidità e l'espressività si può ricorrere altresì alla drammatizzazione del racconto, il docente in questo modo riuscirà a catturare maggiormente l'attenzione degli allievi, a motivarli e renderli attivi.

Dopo la lettura di ogni storia è consigliabile avviare delle discussioni guidate affinché il contenuto e gli spunti di riflessione possano essere rielaborati e approfonditi negoziandone e condividendone i significati per una comprensione reciproca e per stimolare il pensiero argomentativo che è alla base dell'apprendimento.

Ad ogni racconto sono abbinate delle proposte operative, consistenti in schede di comprensione di due livelli che possono essere utilizzate tenendo conto delle capacità di apprendimento della classe in cui si opera consentendo inoltre di assegnare schede di lavoro diversificate agli alunni di una stessa classe. Le schede diventano progressivamente più complesse con il proseguire del racconto. Per la classe prima le schede sono presenti sia in stampato maiuscolo che minuscolo in modo che ogni insegnante possa effettuare una scelta in base al carattere adottato in corso d'anno per la propria classe.

Il bambino dopo aver ascoltato la lettura da parte dell'insegnante provvederà a leggere e completare le relative schede.

Le attività contenute nelle schede sono di vario tipo:

- Esercizi di coloritura dei personaggi principali per le classi prime per affinare l'ascolto e la motricità fine.
- Esercizi di comprensione di brevissimi testi con semplici domande per la prima classe fino alla lettura di brani via via sempre più complessi.
- Esercizi per promuovere la capacità di comprensione del testo in relazione agli elementi sintattici che li compongono, incentrati sull'ordine delle parole all'interno di una frase.
- Cloze test in cui si propone di integrare parole mancanti e tanti altri esercizi volti a sollecitare progressivamente processi inferenziali sempre più complessi.
- Esercizi di lettura, comprensione, produzione, rielaborazione e riflessione.
- Esercizi di comprensione e consapevolezza delle proprie emozioni e di quelle altrui.
- Esercizi finalizzati alla produzione ed elaborazione del pensiero critico.
- Esercizi comprendenti giochi intellettivi che serviranno ad ampliare il patrimonio lessicale costituiti da cruciverba, crucipuzzle ed altro.

IO E IL MIO AMICO EDO

Mi chiamo Leonida, ma per gli amici sono Leo, ho 10 anni e tra poco farò il mio ingresso alla scuola secondaria di primo grado. Ho una statura media e le mie gambe sono lunghe ed esili. La mamma mi dice spesso che non mangio abbastanza, ma in realtà non sono poi così magro. Ho due grandi occhi azzurri vivaci ed **espressivi** e un ciuffetto biondo sulla fronte che mi dà un'aria un po' birichina, mi piace vestire in modo comodo e amo molto i colori vivaci; il mio colore preferito è l'arancione ho molte t-shirt di questo tono perché mi dà gioia. Solitamente d'estate porto dei pantaloncini di cotone leggero tipo bermuda di color blu e ne ho altri di color marroncino chiaro e azzurrino. Sono un gran chiacchierone, **esuberante**, vivace e spiritoso, talvolta le maestre mi richiamano per la mia eccessiva **loquacità**. Sono generoso, **leale**, gentile e comprensivo soprattutto quando si tratta di aiutare i più deboli. Essendo piuttosto **estroverso** mi piace stare in compagnia e mi inserisco bene nei vari gruppi.

Il mio amico del cuore è Edoardo, ma io lo chiamo Edo, è completamente diverso da me, è **riflessivo**, **riservato**, timido, pacifico diligente e molto ordinato ma a volte un po' musone. Ha i capelli corti, neri a spazzola con occhi piccoli e vivaci di un nero lucente; porta dei fantastici occhiali rotondi che lo fanno assomigliare tanto ad Harry Potter. È il primo della classe ma non si dà delle arie, i suoi quaderni sono così ordinati da sembrare stampati e raramente presentano correzioni. Non ama i litigi e preferisce starsene in disparte quando il gruppo è troppo grande; è il bambino più buono che esista sulla terra e averlo incontrato per me è stata davvero una grande fortuna!

Noi ci siamo conosciuti in prima elementare, precisamente il primo giorno di scuola e quel momento è stampato nella mia memoria in modo **indelebile**. Insieme abbiamo affrontato fantastiche avventure e vissuto tante belle esperienze che ho annotato **minuziosamente** nella mia mente; ora ve le racconto.

GLOSSARIO:

ESPRESSIVI: che esprimono qualcosa, significativi.
ESUBERANTE: molto vivace.
LOQUACITÀ: tendenza a parlare molto.
LEALE: fedele, onesto.
ESTROVERSO: aperto.
RIFLESSIVO: che pensa molto prima di agire.
RISERVATO: che riserva per sé i propri sentimenti o le proprie idee; quindi cauto, controllato, discreto nell'esprimersi e anche nel comportarsi.
INDELEBILE: incancellabile.
MINUZIOSAMENTE: con ogni cura, nei minimi particolari.

EDOARDO E LEONIDA

ASCOLTA ATTENTAMENTE LA LETTURA DELL'INSEGNANTE E COLORA LEO SEGUENDO LE INDICAZIONI.

EDOARDO E LEONIDA

Ascolta attentamente la lettura dell'insegnante e colora Leo seguendo le indicazioni.

IO E IL MIO AMICO EDO

LEO

LEO È ALTO E MAGRO.

HA UN CIUFFO BIONDO SULLA FRONTE.

I SUOI OCCHI SONO AZZURRI E VIVACI.

GLI PIACE TANTO CHIACCHIERARE.

EDO È IL SUO AMICO DEL CUORE.

RISPONDI

1. COM'È LEO?

....

2. COS'HA SULLA FRONTE?

....

3. COME SONO I SUOI OCCHI?

....

4. COSA GLI PIACE FARE?

....

5. CHI È IL SUO AMICO DEL CUORE?

....

....

CRUCIPUZZLE

TROVA NELLO SCHEMA LE PAROLE DEL RACCONTO CHE DESCRIVONO IL CARATTERE DI LEO E COLORALE CON TINTE DIVERSE.

LOQUACE	ESTROVERSO
GENEROSO	VIVACE
CHIACCHIERONE	BIRICHINO
COMPRENSIVO	ESUBERANTE
GENTILE	SPIRITOSO

V	M	E	S	U	B	E	R	A	N	T	E	B	N	M	J	K
C	H	I	A	C	C	H	I	E	R	O	N	E	N	V	B	H
S	P	I	R	I	T	O	S	O	H	G	E	N	T	I	L	E
A	Q	E	S	T	R	O	V	E	R	S	O	G	H	L	H	N
G	E	N	E	R	O	S	O	F	J	V	I	V	A	C	E	Y
B	I	R	I	C	H	I	N	O	W	L	O	Q	U	A	C	E
D	F	B	C	O	M	P	R	E	N	S	I	V	O	N	M	K

ADESSO SCRIVI DELLE FRASI CON 3 PAROLE A TUA SCELTA.

....

....

....

....

....

....

....

....

IO E IL MIO AMICO EDO

LEO

Leo è alto e magro.

Ha un ciuffo biondo sulla fronte.

I suoi occhi sono azzurri e vivaci.

Gli piace tanto chiacchierare.

Edo è il suo amico del cuore.

RISPONDI

1. Com'è Leo?

....

2. Cos'ha sulla fronte?

....

3. Come sono i suoi occhi?

....

4. Cosa gli piace fare?

....

5. Chi è il suo amico del cuore?

....

....

CRUCIPUZZLE

Trova nello schema le parole del racconto che descrivono il carattere di Leo e colorale con tinte diverse.

LOQUACE	ESTROVERSO
GENEROSO	VIVACE
CHIACCHIERONE	BIRICHINO
COMPRENSIVO	ESUBERANTE
GENTILE	SPIRITOSO

V	M	E	S	U	B	E	R	A	N	T	E	B	N	M	J	K
C	H	I	A	C	C	H	I	E	R	O	N	E	N	V	B	H
S	P	I	R	I	T	O	S	O	H	G	E	N	T	I	L	E
A	Q	E	S	T	R	O	V	E	R	S	O	G	H	L	H	N
G	E	N	E	R	O	S	O	F	J	V	I	V	A	C	E	Y
B	I	R	I	C	H	I	N	O	W	L	O	Q	U	A	C	E
D	F	B	C	O	M	P	R	E	N	S	I	V	O	N	M	K

Ora trasforma in stampato minuscolo le parole del crucipuzzle.

....

....

....

....

....

....

....

....

IO E IL MIO AMICO EDO

SAI CHE...?

IO HO TANTI AMICI OLTRE AD EDO E A QUELLI CHE INCONTRERAI NEL LIBRO, UNO DI QUESTI È LUCA.

QUESTA È UNA DESCRIZIONE CHE LUI HA FATTO DI SÉ STESSO, LEGGILA ATTENTAMENTE.

DESCRIVO ME STESSO

MI CHIAMO LUCA HO SETTE ANNI E SONO FIGLIO UNICO.

HO I CAPELLI CORTI, CASTANI E LISCI, I MIEI OCCHI SONO GRANDI E NOCCIOLA. SOLITAMENTE VESTO IN MODO SPORTIVO. MI PIACCIONO I DOLCI E LE PATATINE FRITTE.

IL MIO COLORE PREFERITO È IL BLU. ADORO GIOCARE A MEMORY.

A SCUOLA ME LA CAVO, LA MAMMA MI DICE CHE SONO UN PO' LENTO NELLA SCRITTURA, MA QUESTO SUCCEDE PERCHÉ VOGLIO CHE IL MIO QUADERNO SIA MOLTO ORDINATO E PRECISO.

COMPLETA IL TESTO E DESCRIVI TE STESSO.

MI CHIAMO ...., HO .... ANNI E I MIEI CAPELLI

SONO ....

SOLITAMENTE VESTO ....

I MIEI OCCHI SONO ....

MI PIACCIONO ....

NON MI PIACE ....

IL MIO COLORE PREFERITO È ....

MI PIACE GIOCARE A ....

E A ....

A SCUOLA ....

LA MAMMA MI DICE CHE SONO ....

ORA TRASCRIVI IL TESTO SULLE RIGHE.

....

....

....

....

....

....

....

....

....

....

....

....

....

CRUCIPUZZLE

CERCA NELLO SCHEMA LE PAROLE (AGGETTIVI) CHE DESCRIVONO IL CARATTERE DI LEO E COLORALE CON TINTE DIVERSE. LE PAROLE DA TROVARE SONO 11.

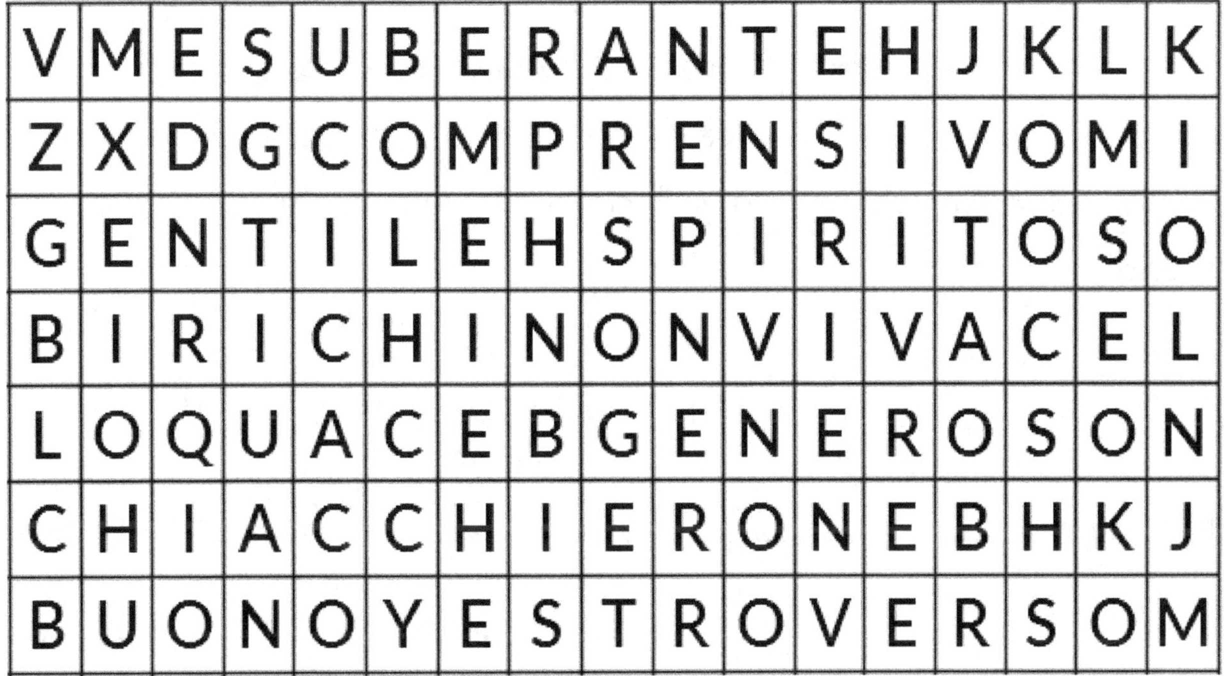

IO E IL MIO AMICO EDO

SAI CHE...?

Io ho tanti amici oltre ad Edo e a quelli che incontrerai nel libro, uno di questi è Luca. Questa è una descrizione che lui ha fatto di sé stesso, leggila attentamente.

DESCRIVO ME STESSO

Mi chiamo Luca ho sette anni e sono figlio unico. Ho i capelli corti, castani e lisci, i miei occhi sono grandi e nocciola. Solitamente vesto in modo sportivo. Mi piacciono i dolci e le patatine fritte.

Il mio colore preferito è il blu. Adoro giocare a Memory. A scuola me la cavo, la mamma mi dice che sono un po' lento nella scrittura, ma questo succede perché voglio che il mio quaderno sia molto ordinato e preciso.

Completa il testo e descrivi te stesso.

Mi chiamo .... ho .... anni e i miei capelli

sono .... Solitamente vesto...............................

....

I miei occhi sono .... Mi piacciono...........................

....

Non mi piace ....

....

Il mio colore preferito è ....

Mi piace giocare a ....

A scuola ....

....

La mamma mi dice che ....

I miei amici/le mie amiche mi dicono che ....

....

CRUCIPUZZLE

Cerca nello schema le parole (aggettivi) che descrivono il carattere di Leo e colorale con tinte diverse. Le parole da trovare sono in tutto 11.

V	M	E	S	U	B	E	R	A	N	T	E	H	J	K	L	K
Z	X	D	G	C	O	M	P	R	E	N	S	I	V	O	M	I
G	E	N	T	I	L	E	H	S	P	I	R	I	T	O	S	O
B	I	R	I	C	H	I	N	O	N	V	I	V	A	C	E	L
L	O	Q	U	A	C	E	B	G	E	N	E	R	O	S	O	N
C	H	I	A	C	C	H	I	E	R	O	N	E	B	H	K	J
B	U	O	N	O	Y	E	S	T	R	O	V	E	R	S	O	M

IO E IL MIO AMICO EDO

L'AMICIZIA È UN SENTIMENTO MERAVIGLIOSO. PENSA ALLA PAROLA AMICIZIA E PARAGONALA A TUTTE LE COSE BELLE CHE TI VENGONO IN MENTE.

ES.: UN ABBRACCIO, UN REGALO DI NATALE, UN GELATO AL CIOCCOLATO

....

....

....

IO E IL MIO AMICO EDO

L'amicizia è un sentimento meraviglioso. Pensa alla parola amicizia e paragonala a tutte le cose belle che ti vengono in mente.

ES.: Un abbraccio, un regalo di Natale, un gelato al cioccolato.

....

....

....

....

IO E IL MIO AMICO EDO

Leggi attentamente e rispondi alle domande

1. Cosa dice spesso la mamma a Leo?

....

....

2. Qual è il colore preferito di Leo? Perché?

....

....

3. Chi è Edo?

....

....

4. Quando si sono conosciuti Edo e Leo?

....

....

5. Tu hai un amico del cuore? Come si chiama? Com'è?
   Come vi siete conosciuti? Quando?

....

....

....

....

....

....

....

CRUCIPUZZLE

DILIGENTE   MUSONE

TENACE   DECISO

RIFLESSIVO   TRANQUILLO

CALMO   TACITURNO

TIMIDO   RISERVATO

SPIRITOSO   VOLENTEROSO

V	R	I	F	L	E	S	S	I	V	O	E	H	J	K	L	K
C	T	I	M	I	D	O	H	R	I	S	E	R	V	A	T	O
M	U	S	O	N	E	U	O	S	P	I	R	I	T	O	S	O
T	R	A	N	Q	U	I	L	L	O	V	T	E	N	A	C	E
D	I	L	I	G	E	N	T	E	B	D	E	C	I	S	O	N
C	H	V	O	L	E	N	T	E	R	O	S	O	B	H	K	J
C	A	L	M	O	Y	T	A	C	I	T	U	R	N	O	O	M

IO E IL MIO AMICO EDO

Leggi attentamente le indicazioni di Leo.

Sai che ho tanti amici oltre ad Edo e a quelli che incontrerai nel libro?

Uno di questi è Giacomo.

Questa è una descrizione che lui ha fatto di sé stesso. Leggila attentamente.

GIACOMO

Mi chiamo Giacomo e tra qualche giorno compirò sette anni.

Sono piccolo, magrolino e ho i capelli corti, castani e mossi.

Le mie labbra sono rosse e sottili e ho gli occhi scuri come il carbone.

Mi piace molto disegnare e giocare a dama con mio fratello che purtroppo

non riesco mai a battere.

Adoro la cotoletta alla milanese, non mi piacciono molto le verdure e

raramente le mangio, per questo motivo la mamma mi rimprovera spesso. Il

mio colore preferito è il blu elettrico, ma mi piace molto anche il verde

smeraldo. A scuola sono uno dei più bravi, la maestra mi loda spesso e mi

dice che sono molto diligente.

Completa il testo descrivendo te stesso.

Mi chiamo .... e ho ....

anni. Sono ....

Mi piace molto ....

....

Non mi piacciono ....

....

Il mio colore preferito è ....

ma mi piace molto anche ....

A scuola sono ....

CRUCIPUZZLE

Trova nello schema le parole (aggettivi) del racconto che descrivono il carattere di Edo e colorale con tinte diverse. In tutto sono 12.

V	R	I	F	L	E	S	S	I	V	O	E	H	J	K	L	K
C	T	I	M	I	D	O	H	R	I	S	E	R	V	A	T	O
M	U	S	O	N	E	U	O	G	E	N	T	I	L	E	S	O
T	R	A	N	Q	U	I	L	L	O	V	T	E	N	A	C	E
D	I	L	I	G	E	N	T	E	E	D	E	C	I	S	O	N
C	H	V	O	L	E	N	T	E	R	O	S	O	B	H	K	J
C	A	L	M	O	Y	T	A	C	I	T	U	R	N	O	O	M

IO E IL MIO AMICO EDO

Il mio migliore amico è Edo e averlo incontrato per me è stata davvero una grande fortuna!

Per me l'amicizia è importante e deve basarsi sul rispetto, sulla fiducia e sulla stima.

Se dico AMICIZIA tu a cosa pensi?

Scrivilo all'interno all'interno dei cuori.

Pensa ad un gesto d'amore da fare per un amico o un compagno di scuola e scrivilo.

Ho pensato di ....

....

Scrivi dentro ogni cuoricino il nome di un amico o compagno di scuola a cui vuoi bene.
Se vuoi aggiungi altri cuori.

IL PRIMO GIORNO DI SCUOLA
12 settembre 2010

Era il primo giorno di scuola, mentre fuori dal cancello attendevo di essere chiamato dalle insegnanti, osservavo gli altri bambini in cerca di un viso conosciuto, quando ne vidi uno che vestiva con una polo dal colletto ben inamidato, mi piaceva molto la sua maglietta perché aveva i colori del cielo; era a righe bianche, blu e azzurre abbinata ad un paio di pantaloncini bianchi e stava aggrappato alla sua mamma con le lacrime che gli rigavano il volto, non rivolgeva lo sguardo a nessuno. Non ci pensai due volte, salutai mia madre e mi **recai** da lui cercando di capire il motivo della sua tristezza.

— Cosa ti succede, perché piangi?

Edo non rispose e mi guardò imbronciato. Sua madre intervenne dicendo che l'insegnante lo aveva appena chiamato ma lui non voleva entrare; proprio in quel momento sentii pronunciare il mio nome.

— Hai sentito? Hanno chiamato Leonida, sono io, forza! Dammi la mano e non aver paura, entreremo insieme.
Dimmi, come ti chiami?

— Mi chiamo Edoardo. — Rispose timidamente lui guardando sua madre.

— Edoardo? Bel nome ma troppo lungo, ti chiamerò Edo se ti va, a proposito, mi chiamo Leonida, ma tu puoi chiamarmi Leo; forza entriamo!

Edo si asciugò le lacrime e un po' **titubante** mi diede la mano, così entrammo a scuola. In realtà anch'io ero un po' **timoroso** ma non lo davo a vedere, la classe era appena stata **tinteggiata** e notai una grande L.I.M. appesa alla parete. L'insegnante ci accolse con un grande sorriso e ci disse di prendere posto dove volevamo. Decisi di sedermi al primo banco, così lasciai la mano di Edo che occupò quello accanto al mio. Intanto la maestra osservava tutti attentamente e, dopo aver fatto un po' di domande consegnò ad ognuno di noi un cartellino da appoggiare sul banco con i nostri nomi da colorare, così li avrebbe memorizzati velocemente. In seguito uno alla volta ci chiamò alla L.I.M. per farci giocare a Memory.

Quando arrivò il mio turno ero un tantino agitato, ma contento. Finora nessuno aveva scoperto due carte uguali, cliccai sulla prima e poi sulla seconda in modo del tutto casuale. Stranamente, feci centro, subito **scrosciò un forte applauso** a mio favore, al secondo tentativo non fui così fortunato, ma ero comunque **soddisfatto**; andai al mio posto e dissi ad Edo:

— È divertente, vedrai che ti piacerà!
— Bene, ora tocca ad Edoardo. — Disse la maestra.

Edo un po' **intimidito** si alzò e si avvicinò alla L.I.M., prese la penna e scoprì due carte, **azzeccando** subito l'accoppiata. Subito dopo, ne indovinò un'altra identica continuando così fino alla fine tra gli applausi dei compagni. Dopo di che, tornò al suo banco un po' meno timoroso di prima e mi guardò, mi accorsi che l'espressione triste che avevo visto finora disegnata sul suo viso, si era trasformata in un bel sorriso ed era rivolto proprio a me. Ero felice e mi sentivo più sereno, la scuola mi piaceva, tutte le maestre incontrate durante la mattinata erano simpatiche e avevo trovato un amico, anzi un grande amico!

GLOSSARIO:

RECAI: andai.
TITUBANTE: esitante, incerto.
TIMOROSO: che mostra timore, che esprime paura o insicurezza.
TINTEGGIATA: parete dipinta, colorata.
SCROSCIÒ UN APPLAUSO: si manifestò con forza, scattò un forte un applauso.
SODDISFATTO: contento.

INTIMIDITO: Dominato da un senso, di timore.
AZZECCANDO: indovinando.

EDO

ASCOLTA ATTENTAMENTE LA LETTURA DELL'INSEGNANTE E COLORA EDO SEGUENDO LE SUE INDICAZIONI.

EDO

Ascolta attentamente la lettura dell'insegnante e colora Edo seguendo le sue indicazioni.

IL PRIMO GIORNO DI SCUOLA

EDO

EDO HA I CAPELLI CORTI A SPAZZOLA.

I SUOI OCCHI SONO NERI E LUCENTI.

PORTA GLI OCCHIALI ROTONDI.

NON AMA LITIGARE.

È TIMIDO E RISERVATO.

RISPONDI

1. COME SONO I CAPELLI DI EDO?

....

....

2. COME SONO I SUOI OCCHI?

....

....

3. COME SONO I SUOI OCCHIALI?

....

....

4. COSA NON AMA FARE?

....

....

5. COM'È IL SUO CARATTERE?

....

....

CRUCIPUZZLE

NELLO SCHEMA SONO PRESENTI PAROLE RIGUARDANTI IL RACCONTO, TROVALE E COLORALE CON TINTE DIVERSE.

BANCO
POLO
CLASSE

RIGHE
GIOCARE
LACRIME

MAESTRA
MEMORY
LIM

P	O	L	O	L	I	M
F	Y	R	I	G	H	E
L	A	C	R	I	M	E
C	L	A	S	S	E	K
T	Y	B	A	N	C	O
G	I	O	C	A	R	E
M	E	M	O	R	Y	M
M	A	E	S	T	R	A

ORA SCEGLI ALCUNE PAROLE E CON OGNUNA DI ESSE SCRIVI UN PENSIERO.

....

....

....

....

....

....

....

IL PRIMO GIORNO DI SCUOLA

EDO

Edo ha i capelli corti a spazzola.

I suoi occhi sono neri e lucenti.

Porta gli occhiali rotondi.

Non ama litigare.

È timido e riservato.

RISPONDI

1. Come sono i capelli di Edo?

....

2. Come sono i suoi occhi?

....

3. Come sono i suoi occhiali?

....

4. Cosa non ama fare?

....

5. Com'è il suo carattere?

....

....

CRUCIPUZZLE

Nello schema sono presenti 9 parole riguardanti il racconto, trovale e colorale con tinte diverse.

BANCO		RIGHE		MAESTRA
POLO		GIOCARE		MEMORY
CLASSE		LACRIME		LIM

P	O	L	O	O	J	L	I	M
R	F	Y	R	I	G	H	E	H
Y	L	A	C	R	I	M	E	R
R	C	L	A	S	S	E	Y	K
F	T	Y	B	A	N	C	O	G
H	G	I	O	C	A	R	E	G
R	M	E	M	O	R	Y	G	M
N	M	A	E	S	T	R	A	E

Ora trasforma in stampato minuscolo le parole del crucipuzzle.

....

....

....

....

....

....

....

IL PRIMO GIORNO DI SCUOLA

RIORDINA E RICOSTRUISCI LE 3 FRASI POI RISCRIVILE SULLE RIGHE.

EDO E LEO	DIVENTANO	IL PRIMO GIORNO
DURANTE	DI SCUOLA.	AMICI

....

....

....

MANO.	INSIEME	IN CLASSE
I DUE AMICI	TENENDOSI PER	ENTRANO

....

....

....

| PER AIUTARLO. | A LUI | EDO |
| SI AVVICINA | PIANGE | E LEO |

....

....

....

CRUCIPUZZLE

NELLO SCHEMA SONO PRESENTI 9 PAROLE RIGUARDANTI IL RACCONTO, TROVALE E COLORALE CON TINTE DIVERSE.

P	O	L	O	L	I	M
F	Y	R	I	G	H	E
L	A	C	R	I	M	E
C	L	A	S	S	E	K
T	Y	B	A	N	C	O
G	I	O	C	A	R	E
M	E	M	O	R	Y	M
M	A	E	S	T	R	A

IL PRIMO GIORNO DI SCUOLA

ESERCIZIO

RIORDINA E RICOSTRUISCI LE 3 FRASI POI TRASCRIVILE SULLE RIGHE.

Edo e Leo	diventano	il primo giorno
durante	di scuola.	amici

....

....

....

mano.	insieme	in classe
I due amici	tenendosi per	entrano

....

....

....

| per aiutarlo. | a lui | Edo |
| si avvicina | piange | e Leo |

....

....

....

CRUCIPUZZLE

NELLO SCHEMA SONO PRESENTI 9 PAROLE RIGUARDANTI IL RACCONTO,
TROVALE E COLORALE CON TINTE DIVERSE.

P	O	L	O	L	I	M
F	Y	R	I	G	H	E
L	A	C	R	I	M	E
C	L	A	S	S	E	K
T	Y	B	A	N	C	O
G	I	O	C	A	R	E
M	E	M	O	R	Y	M
M	A	E	S	T	R	A

IL PRIMO GIORNO DI SCUOLA

EDO PIANGE PERCHÉ HA PAURA DI AFFRONTARE UNA NOVITÀ.

È PREOCCUPATO PERCHÉ NON SA COME ANDRANNO LE COSE MA POI SI FA CORAGGIO ED ENTRA IN CLASSE.

E TU COME TI SEI SENTITO IL PRIMO GIORNO DI SCUOLA? AVEVI PAURA?

DISEGNA TE STESSO DURANTE IL PRIMO GIORNO DI SCUOLA NEL RETTANGOLO E SCRIVI COME TI SENTIVI (ES. AVEVO PAURA, ERO FELICE, ERO CURIOSO ECC.).

COME TI SENTIVI?

....

....

....

IL PRIMO GIORNO DI SCUOLA

Edo piange perché ha paura di affrontare una novità.

È preoccupato perché non sa come andranno le cose

ma poi si fa coraggio ed entra in classe.

E tu come ti sei sentito il primo giorno di scuola?

Avevi paura?

Disegna te stesso durante il primo giorno di scuola nel

rettangolo e scrivi come ti sentivi (es. avevo paura, non avevo paura, ero felice, ero

curioso ecc.)

Come ti sentivi?

IL PRIMO GIORNO DI SCUOLA

Fai una crocetta accanto alla risposta corretta.

1. Perché Edo piangeva secondo te?

☐ Aveva paura di entrare a scuola.

☐ Non gli piaceva Leo.

☐ La mamma l'aveva rimproverato.

2. Perché Leo si avvicinò ad Edo secondo te?

☐ Si era accorto che stava piangendo e voleva aiutarlo.

☐ Per curiosità, voleva sapere perché stesse piangendo.

☐ Perché era un suo amico e voleva andare a salutarlo.

3. Come reagì Edo quando Leo si avvicinò?

☐ Si arrabbiò e gli disse di andarsene da un'altra parte.

☐ Non gli rispose e si girò da un'altra parte.

☐ Non gli rispose, lo guardò imbronciato poi entrò con lui in classe.

4. Secondo te anche Leo aveva un po' di paura?

☐ Leo non aveva paura.

☐ Leo aveva un po' di paura ma non lo dimostrava.

☐ Solo Edo aveva paura.

5. Cosa successe quando i due bambini entrarono in classe?

☐ Si misero a giocare con gli altri compagni di classe.

☐ Si sedettero uno vicino all'altro, poi scrissero sul quaderno.

☐ Si sedettero, poi la maestra li chiamò alla LIM per giocare.

6. Come si sentì alla fine Leo? Perché?

☐ Felice perché la scuola gli piaceva e aveva trovato un amico.

☐ Felice perché finalmente aveva trovato un'amica nuova.

☐ Triste perché la scuola non era come lui se l'aspettava.

CRUCIVERBA

	1					D			
2			N						
3									
4			T		L		N		
5				6				Y	
7		P							
8				S					
9			P			C			

DEFINIZIONI

1. Ha paura di entrare a scuola.

2. Si avvicina ad Edo quando lo vede piangere.

3. L'emozione che prova Edo quando deve entrare.

4. Lo consegna la maestra a tutti i bambini.

5. Il diminutivo di Leonida.

6. Il gioco che la maestra fa fare ai bambini alla LIM.

7. Lo fanno i bambini a Leo quando azzecca la coppia di carte uguale a Memory.

8. L'espressione triste di Leo alla fine si trasforma in un bel ...

9. Leo alla fine pensa che le maestre siano...

IL PRIMO GIORNO DI SCUOLA

Questo testo è stato diviso in tante parti ed ora sono mischiate. Leggi, ritaglia e riordina i cartellini, poi incollali nei rettangoli sottostanti e trascrivi il testo ottenuto.

Decisi di sedermi al primo banco, così lasciai la mano di Edo che occupò quello accanto al mio.

Intanto la maestra osservava tutti attentamente e dopo aver fatto un po' di domande

L'insegnante ci accolse con un grande sorriso e ci disse di sederci.

Sul cartellino c'erano scritti i nostri nomi da colorare, così li avrebbe memorizzati velocemente.

consegnò ad ognuno di noi un cartellino da appoggiare sul banco.

Ricostruisci il racconto incollando in ordine i cartellini.

1

2

3	
4	
5	

CRUCIVERBA

<table>
<tr><td></td><td>1</td><td></td><td></td><td></td><td></td><td></td><td></td><td></td><td></td></tr>
<tr><td>2</td><td></td><td></td><td></td><td></td><td></td><td></td><td></td><td></td><td></td></tr>
<tr><td>3</td><td></td><td></td><td></td><td></td><td></td><td></td><td></td><td></td><td></td></tr>
<tr><td>4</td><td></td><td></td><td></td><td></td><td></td><td></td><td></td><td></td><td></td></tr>
<tr><td>5</td><td></td><td></td><td></td><td>6</td><td></td><td></td><td></td><td></td><td></td></tr>
<tr><td>7</td><td></td><td></td><td></td><td></td><td></td><td></td><td></td><td></td><td></td></tr>
<tr><td>8</td><td></td><td></td><td></td><td></td><td></td><td></td><td></td><td></td><td></td></tr>
</table>

DEFINIZIONI

1. Ha paura di entrare a scuola

2. Si avvicina ad Edo quando lo vede piangere.

3. L'emozione di Edo quando deve entrare.

4. Lo consegna la maestra a tutti i bambini.

5. Il diminutivo di Leonida

6. Il gioco che fanno i bambini alla LIM.

7. Lo fanno i bambini a Leo quando azzecca la coppia di carte a Memory.

8. Lo fa Edo alla fine.

IL PRIMO GIORNO DI SCUOLA

Edo all'inizio aveva paura ma alla fine l'ha affrontata, è entrato a scuola e si è reso conto che non c'era nulla da temere. La paura a volte è utile perché ti fa stare lontano dai pericoli, talvolta però è immotivata, come nel caso di Edo. In una situazione come questa bisogna affrontarla perché più scappi più la alimenti ed essa diventa sempre più forte.

In questi casi bisogna trasformare la paura in coraggio.

RISPONDI

1. E tu hai delle paure? Quali?

....

....

2. Che emozioni provi quando hai paura? Come ti senti?

....

....

3. Cosa fai per superare le tue paure?

....

....

4. Di che colore è la paura secondo te?

....

....

5. Disegna la cosa che ti fa più paura su un foglio bianco grande cercando di riempirlo interamente e poi colorala.

14 NOVEMBRE 2011
Letizia

Quella mattina arrivai a scuola prima del solito, volevo chiacchierare un pochino con Edo e fargli vedere la mia macchinina nuova. Salii le scale velocemente e andai al mio banco, in quel momento mi si avvicinò Letizia, era una bambina bionda con la frangetta e i capelli a caschetto che le arrivavano appena sopra spalle. Il suo viso simpatico e sorridente ispirava amicizia, i suoi grandi occhi neri, contornati da lunghe ciglia scure erano attenti a tutto ciò che le stava intorno. Letizia mi piaceva molto perché era solare, amichevole e si comportava con tutti in modo dolce e gentile. Quel giorno aveva un bellissimo abito lilla con un nastro viola sulla cintola che terminava dietro alla schiena con un fiocco. Amava vestire in modo elegante e per questo motivo prediligeva anche le scarpette in vernice, ne aveva di diversi colori; in quel momento Letizia era lì, di fronte a me e mi disse:

— Ciao Leo, posso sedermi vicino a te?

— Certo.

— Bella la tua macchinina, mio fratello ne ha una identica ma non mi permette mai di toccarla. Me la presteresti? Sai anche a me piacciono molto ma lui dice che sono giochi da maschi!

— Beh prendila, puoi giocarci tranquillamente, io non la penso come lui.

— Veramente? Grazie, grazie davvero!

Ad un tratto mi accorsi che Edo era entrato e **visibilmente** imbronciato ci osservava.

— Ehi Edo, vieni qui!

Gli feci cenno con la mano, ma lui mi ignorò e si sedette da un'altra parte. Non volevo che Letizia ci rimanesse male e poi mi faceva piacere stare in sua compagnia, così non le dissi di tornare al suo banco, perché in ogni caso l'avrebbe fatto l'insegnante. Dopo poco infatti suonò la campana e la maestra ci disse di tornare alle nostre **postazioni di studio**, così Letizia tornò al suo posto ed Edo si sedette vicino a me. Gli mostrai la macchinina, ma lui si girò dall'altra parte, ci rimasi molto male, non capivo il perché del suo atteggiamento. Arrivò l'intervallo e gli chiesi di giocare con me, ma lui rispose che preferiva leggere il suo libro di Geronimo Stilton; nel frattempo arrivò Letizia.

— Leo ti va di giocare con me a carte? — Disse.
— Certo! Edo giochi anche tu?
— No grazie... preferisco leggere!

Io e Letizia ci spostammo al suo banco e mentre giocavamo vidi Edo che chiacchierava tranquillamente vicino ad un nostro compagno; a quel punto ebbi la conferma che era arrabbiato con me, così alla fine della ricreazione lo **affrontai**:

— Che ti succede?
— Nulla...
— Perché mi **eviti**?
— Perché mi pare che tu ti diverta molto più con Letizia che con me. Questo significa che non hai più bisogno della mia amicizia!

— Questo non è vero! Tengo molto alla nostra amicizia, mi sembra invece che sia tu a non pensarla come me.

Mentre discutevamo **animatamente** si avvicinò Letizia.

— Sai Edo sei proprio fortunato ad avere un amico come Leo, non ha fatto altro che preoccuparsi per te; non capiva perché non volessi sederti qui vicino a noi.

— Davvero? — Disse Edo con gli occhi sgranati.

— Certo! — Rispose Letizia.

— E io che pensavo di essere stato messo da parte...

— Assolutamente no... — **rimarcai** e aggiunsi: — Io e te siamo amici e lo saremo per sempre, ma dobbiamo **socializzare** anche con gli altri perché più siamo più ci divertiamo!

Edo mi sorrise, poi **inaspettatamente** mi si avvicinò e mi abbracciò, ricambiai con grande gioia e ci promettemmo di non litigare più per cose così **futili**.

GLOSSARIO:

VISIBILMENTE: in modo che si veda, chiaramente, palesemente.
POSTAZIONI DI STUDIO: posti in cui si studia e si lavora (banco).
AFFRONTAI: decisi di parlargli.
EVITI: fai in modo di non incontrarmi.
ANIMATAMENTE: vivacemente.
RIMARCAI: feci notare ancora che.
SOCIALIZZARE: fare amicizia.
INASPETTATAMENTE: non previsto.
FUTILI: inutili, insignificanti, non importanti.

LETIZIA

ASCOLTA ATTENTAMENTE LA LETTURA DELL'INSEGNANTE E COLORA
LETIZIA SEGUENDO LE SUE INDICAZIONI.

LETIZIA

Ascolta attentamente la lettura dell'insegnante e colora Letizia seguendo le sue indicazioni.

LETIZIA

LETIZIA ERA UNA BAMBINA BIONDA CON LA FRANGETTA E I CAPELLI A CASCHETTO. IL SUO VISO SIMPATICO E SORRIDENTE ISPIRAVA AMICIZIA E I SUOI GRANDI OCCHI NERI, CONTORNATI DA LUNGHE CIGLIA SCURE, ERANO ATTENTI A TUTTO CIÒ CHE LE STAVA INTORNO. LETIZIA MI PIACEVA MOLTO PERCHÉ SI COMPORTAVA CON TUTTI IN MODO DOLCE E GENTILE.

RISPONDI

1.DI CHE COLORE SONO I CAPELLI DI LETIZIA?

....

2.COM'È IL SUO VISO?

....

3. DI CHE COLORE SONO I SUOI OCCHI?

....

4. COME SONO LE SUE CIGLIA?

....

5. COME SI COMPORTA CON GLI ALTRI?

....

....

CRUCIPUZZLE

NELLO SCHEMA SONO PRESENTI 8 PAROLE (AGGETTIVI) RIGUARDANTI LETIZIA: 4 IN VERTICALE E 4 IN ORIZZONTALE. TROVA TUTTE LE PAROLE E COLORALE CON TINTE DIVERSE.

ORIZZONTALI

GENTILE

SIMPATICA

CARINA

SOLARE

VERTICALI

SORRIDENTE

AMICHEVOLE

ELEGANTE

ATTENTA

G	S	C	A	I	S	R	E	S
V	A	V	M	C	A	F	L	O
C	A	R	I	N	A	S	E	R
A	Y	U	C	P	E	D	G	R
T	M	N	H	O	W	C	A	I
T	N	G	E	C	K	R	N	D
E	Q	M	V	A	O	R	T	E
N	W	S	O	L	A	R	E	N
T	T	H	L	I	H	R	F	T
A	U	G	E	N	T	I	L	E
S	I	M	P	A	T	I	C	A

LETIZIA

Letizia era una bambina bionda con la frangetta e i capelli a caschetto. Il suo viso simpatico e sorridente ispirava amicizia e i suoi grandi occhi neri, contornati da lunghe ciglia scure, erano attenti a tutto ciò che le stava intorno. Letizia mi piaceva molto perché si comportava con tutti in modo dolce e gentile.

RISPONDI

1.Di che colore sono i capelli di Letizia?

....

2.Com' è il suo viso?

....

....

3. Di che colore sono i suoi occhi?

....

....

4. Come sono le sue ciglia?

....

....

5. Come si comporta con gli altri?

....

....

CRUCIPUZZLE

Nello schema sono presenti 8 parole (aggettivi) riguardanti Letizia: 4 in verticale e 4 in orizzontale Trova tutte le parole e colorale con tinte diverse.

ORIZZONTALI	**VERTICALI**
GENTILE	SORRIDENTE
SIMPATICA	AMICHEVOLE
CARINA	ELEGANTE
SOLARE	ATTENTA

G	S	C	A	Z	S	R	E	S
V	A	V	M	C	A	F	L	O
C	A	R	I	N	A	S	E	R
A	Y	U	C	P	E	D	G	R
T	M	N	H	O	W	C	A	I
T	N	G	E	C	K	R	N	D
E	Q	M	V	A	O	R	T	E
N	W	S	O	L	A	R	E	N
T	T	H	L	I	H	R	F	T
A	U	G	E	N	T	I	L	E
S	I	M	P	A	T	I	C	A

Ora trasforma in stampato minuscolo le parole del crucipuzzle.

....

....

....

....

LEGGI ATTENTAMENTE.

SAI CHE LETIZIA HA UNA CUGINA DI NOME VALENTINA CHE LE ASSOMIGLIA MOLTO? LEGGI LA DESCRIZIONE E RISPONDI ALLE DOMANDE.

VALENTINA

VALENTINA È UNA BAMBINA MORA CON LA FRANGETTA E I CAPELLI A CASCHETTO LISCI, PORTA SPESSO CERCHIETTI DI TUTTI I TIPI E FERMAGLI CON STRASS O PERLINE COLORATE.

IL SUO VISO È PICCOLO E TONDO E I SUOI LINEAMENTI DOLCI E DELICATI. GLI OCCHI SONO MARRONI, GRANDI E SORRIDENTI.

 È GENTILE, EDUCATA, RISPETTA TUTTI E SA FARSI RISPETTARE.

LE PIACE TANTO ABBINARE I COLORI DEI SUOI VESTITI CHE SONO SEMPRE LINDI E PROFUMATI.

A DIFFERENZA DI LETIZIA VESTE IN MODO SPORTIVO E PORTA SOLO SCARPE DA GINNASTICA DI DIVERSI COLORI.

RISPONDI

1.COME SONO I CAPELLI DI VALENTINA?

....

....

2.COM'È IL SUO VISO?

....

....

3.COME SONO I SUOI SUOI LINEAMENTI?

....

....

4. COME SONO I SUOI OCCHI?

....

....

5. COM'È IL SUO CARATTERE?

....

....

6. QUALI TIPI DI SCARPE PREFERISCE?

....

....

7. COME SONO I SUOI VESTITI?

....

....

CRUCIPUZZLE

NELLO SCHEMA SONO PRESENTI 8 PAROLE (AGGETTIVI) RIGUARDANTI LETIZIA: 4 IN VERTICALE E 4 IN ORIZZONTALE, TROVA TUTTE LE PAROLE E COLORALE CON TINTE DIVERSE.

G	S	C	A	Z	S	R	E	S
V	A	V	M	C	A	F	L	O
C	A	R	I	N	A	S	E	R
A	Y	U	C	P	E	D	G	R
T	M	N	H	O	W	C	A	I
T	N	G	E	C	K	R	N	D
E	Q	M	V	A	O	R	T	E
N	W	S	O	L	A	R	E	N
T	T	H	L	I	H	R	F	T
A	U	G	E	N	T	I	L	E
S	I	M	P	A	T	I	C	A

Sai che Letizia ha una cugina di nome Valentina che le assomiglia molto? Leggi la descrizione e rispondi alle domande.

VALENTINA

Valentina è una bambina mora con la frangetta e i capelli a caschetto lisci, porta spesso cerchietti di tutti i tipi e fermagli con strass o perline colorate. Il suo viso è piccolo e tondo e i suoi lineamenti dolci e delicati. Gli occhi sono marroni, grandi e sorridenti. È gentile, educata, rispetta tutti e sa farsi rispettare. Le piace tanto abbinare i colori dei suoi vestiti che sono sempre lindi e profumati. A differenza di Letizia veste in modo sportivo e porta solo scarpe da ginnastica di diversi colori.

RISPONDI

1.Come sono i capelli di Valentina?

....

....

2.Com'è il suo viso?

....

....

3.Come sono i suoi suoi lineamenti?

....

....

4. Come sono i suoi occhi?

....

....

5. Com'è il suo carattere

....

....

6. Quali tipi di scarpe preferisce?

....

....

7. Come sono i suoi vestiti?

....

....

CRUCIPUZZLE

Nello schema sono presenti 8 parole (aggettivi) riguardanti Letizia: 4 in verticale e 4 in orizzontale. Trova tutte le parole e colorale con tinte diverse.

G	S	C	A	Z	S	R	E	S
V	A	V	M	C	A	F	L	O
C	A	R	I	N	A	S	E	R
A	Y	U	C	P	E	D	G	R
T	M	N	H	O	W	C	A	I
T	N	G	E	C	K	R	N	D
E	Q	M	V	A	O	R	T	E
N	W	S	O	L	A	R	E	N
T	T	H	L	I	H	R	F	T
A	U	G	E	N	T	I	L	E
S	I	M	P	A	T	I	C	A

LETIZIA

LEO È FELICE, LUI ED EDO HANNO FATTO PACE, NON È PIÙ PREOCCUPATO, È CONTENTO E SODDISFATTO. SIAMO FELICI QUANDO SIAMO SERENI E NON CI SENTIAMO TRISTI; QUANDO QUALCUNO CI FA UN REGALO O UN AMICO VIENE A CASA NOSTRA A GIOCARE.

RISPONDI

DI CHE COLORE È LA FELICITÀ SECONDO TE?

....

TU COSA FAI QUANDO SEI FELICE?

....

IDEA GENTILE

QUANDO SEI FELICE REGALA UN PO' DELLA TUA FELICITÀ AGLI ALTRI IN QUESTO MODO:

- SCRIVI PENSIERI ALLEGRI SU DEI BIGLIETTINI.

- PIEGALI E METTILI IN UNA SCATOLA.

- FAI PESCARE I BIGLIETTINI AD UN TUO COMPAGNO CHE SI SENTE UN POCHINO TRISTE.

LETIZIA

Leo è felice, lui ed Edo hanno fatto pace, non è più preoccupato, è contento e soddisfatto. Siamo felici quando siamo sereni e non ci sentiamo tristi; quando qualcuno ci fa un regalo o un amico viene a casa nostra a giocare.

RISPONDI

Di che colore è la felicità secondo te?

....

Tu cosa fai quando sei felice?

....

IDEA GENTILE

Quando sei felice regala un po' della tua felicità agli altri in questo modo:

- Scrivi pensieri allegri su dei bigliettini.

- Piegali e mettili in una scatola.

- Fai pescare i bigliettini ad un tuo compagno che si sente un pochino triste.

LETIZIA

Fai una crocetta accanto alla risposta corretta.

1.Perché Leo arrivò più presto del solito a scuola?

- Voleva chiacchierare un po' con la maestra.
- Voleva chiacchierare un po' con Letizia.
- Voleva chiacchierare un po' con Edo e mostrargli la sua macchinina nuova.

2.Chi si sedette vicino a Leo?

- Un nuovo compagno.
- Edo.
- Letizia.

3.Perché Edo era arrabbiato con Leo secondo te?

- Pensava di essere stato messo da parte.
- Non gli piaceva la macchinina che aveva portato.
- Gli stava antipatica Letizia.

4.E' giusto il comportamento di Edo?

- No, non si è comportato bene.
- Sì, perché quello era il suo posto.
- Sì, perché Leo avrebbe dovuto stare con lui.

5.Tu cosa avresti fatto al posto di Edo?

- Mi sarei comportato come lui, arrabbiandomi con Leo.
- Mi sarei avvicinato al banco e avrei parlato con entrambi.
- Mi sarei seduto in un altro banco, ma senza arrabbiarmi.

6.Perché alla fine Leo era triste?

- Perché Edo aveva giocato con Letizia.
- Perché Edo l'aveva accusato ingiustamente.
- Perché Edo non apprezzava Letizia.

7.Come si conclude il racconto?

☐ Edo decide di non essere più amico di Leo.

☐ Edo e Leo si chiariscono e fanno pace.

☐ Leo decide di non essere più amico di Edo.

CRUCIVERBA

	1								
2						T			
3			L						
4				Z					
5		G							
6						N		N	
7		G			R				

DEFINIZIONI

1. Quelli di Letizia sono neri e grandi.

2. Il taglio di capelli di Letizia.

3. Il colore del vestito di Letizia.

4. Si avvicina inaspettatamente a Leo.

5. Sono scure e lunghe quelle di Letizia.

6. La presta Leo a Letizia.

7. Cosa preferisce fare Edo anziché giocare con Leo e Letizia?

Sai che Letizia ha una cugina di nome Valentina che le assomiglia molto?

Leggi la sua descrizione.

VALENTINA

Valentina è una bambina mora con la frangetta e i capelli a caschetto lisci, porta spesso cerchietti di tutti i tipi e fermagli con strass o perline colorate. Il suo viso è piccolo e tondo e i suoi lineamenti dolci e delicati. Gli occhi sono marroni, grandi ed espressivi. È gentile e leale, rispetta tutti e sa farsi rispettare. Le piace tanto abbinare i colori dei suoi vestiti. Veste in modo sportivo e porta solo scarpe da ginnastica di diversi colori.

ORA TOCCA A TE

Prova a descrivere un tuo compagno di classe seguendo lo schema, cerca di scrivere frasi non troppo lunghe e metti il punto dopo ogni frase. Usa la lettera maiuscola dopo il punto.

Schema per la descrizione

- *Presentazione della persona: chi è, quanti anni ha.*
- *Aspetto fisico: alto, basso, magro, robusto;*
- *Colore dei capelli degli occhi, forma del naso, della bocca.*
- *Abbigliamento: cosa indossa generalmente.*
- *Carattere: pacifico, allegro, dolce, sensibile, aggressivo, permaloso.... (Puoi anche fare qualche esempio per spiegare meglio.)*
- *Qualità e difetti: elenca le cose belle e/o quelle brutte che caratterizzano questa persona.*
- *Gusti e Interessi: il suo cibo preferito, cosa gli piace fare nel tempo libero.*

DESCRIVO

CRUCIVERBA

DEFINIZIONI

1 Quelli di Letizia sono neri e grandi.

2 Il taglio di capelli di Letizia.

3 Il colore del vestito di Letizia.

4 Si avvicina a Leo.

5 La presta Leo a Letizia.

6 Cosa preferisce fare Edo anziché giocare con Leo e Letizia?

LETIZIA

Leo è felice, lui ed Edo hanno fatto pace, è contento e soddisfatto.

Siamo felici quando siamo sereni, rilassati e non ci sentiamo tristi; quando qualcuno ci fa un regalo o quando un amico viene a casa nostra a giocare.

A qualcuno viene voglia di saltare, abbracciare la mamma, il papà, i nonni.

E tu cosa fai quando sei felice? Cosa ti rende felice?

Scrivi nelle bolle che cosa ti rende felice.

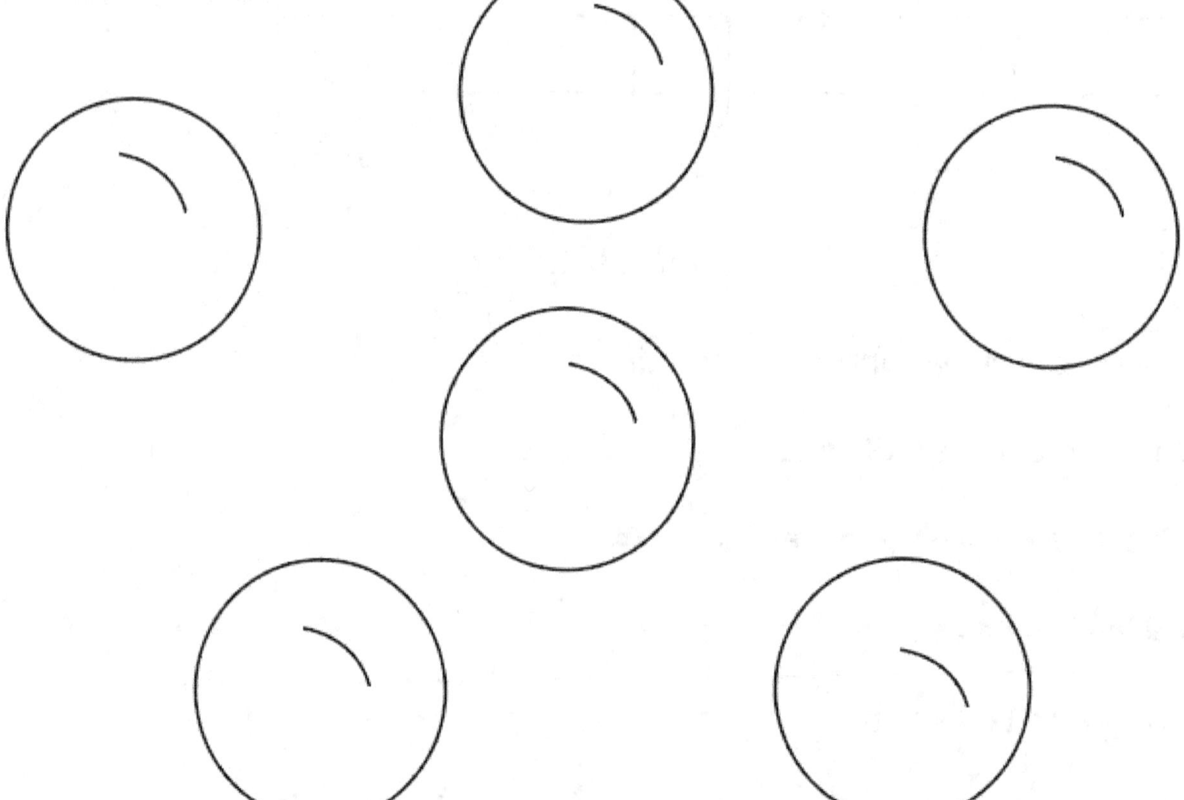

RISPONDI

Cosa fai quando sei felice?

....

....

....

....

Come ti senti quando sei felice?

....

....

....

....

IDEA GENTILE

Quando sei felice regala un po' della tua felicità agli altri in questo modo:

- Scrivi pensieri allegri su dei bigliettini.

- Piegali e mettili in una scatola.

- Fai pescare i bigliettini ad un tuo compagno che si sente un pochino triste.

13 APRILE 2012
La casa sull'albero

Finalmente arrivò il venerdì, da tutta la settimana aspettavo quel giorno, Edo mi aveva invitato a casa sua dopo la scuola.

— Faremo merenda insieme e poi giocheremo con le carte da UNO. — Mi aveva detto.

Non aspettavo altro e finalmente era arrivato il momento tanto atteso, la mamma mi aveva già preparato la merenda e come sempre mi aveva raccomandato di essere **rispettoso**. Mentre ero a scuola, il tempo sembrava **interminabile**, pranzo in mensa, intervallo e **attività di laboratorio**, scrivendo i compiti sul diario, sentii il noto vocio che ben conoscevo, sbirciai fuori dalla finestra e vidi i soliti **capannelli** di genitori che chiacchieravano **in attesa** dei loro figli. Finalmente il suono della campanella... che gioia! La maestra disse di alzarci, Edo si avvicinò a me e mi diede la mano, ci mettemmo in fila ed uscimmo da scuola. La signora Stella, la mamma di Edo, ci attendeva e ci **condusse** a casa sua in macchina. La casa era molto grande e piena di giochi, Stella ci offrì la merenda che io accettai con piacere, anche perché un gelato era molto più **gradito** del frutto che avevo nel mio zaino. In quel mentre arrivò Michele, il papà di Edo, un uomo alto, con larghe spalle, braccia muscolose che tendevano il tessuto della maglietta nera che portava infilata nei blue jeans e aveva mani possenti. I suoi occhi penetranti suscitarono un po' di timore in me, ma quando lo sentii parlare compresi che il suo carattere non aveva nulla a che fare con l'aspetto esteriore; era così gentile ed accogliente che mi fece sentire subito a mio agio.

— Eccomi qui,oggi sono uscito prima dal lavoro, Edo vieni a darmi un bacio, forza!

Edo si precipitò verso di lui e suo padre lo sollevò e lo baciò affettuosamente.

Poi il suo sguardo cadde su di me:

— Guarda guarda, abbiamo un ospite oggi, vediamo un po' se indovino il tuo nome...

— É Leo papà! — Proruppe con entusiasmo Edo.

— Ci avrei scommesso! Sei proprio come ti avevo immaginato.

In quell'istante suonò il campanello, la signora Stella andò ad aprire e si presentò una bambina con un visetto **sbarazzino, spruzzato** da tantissime lentiggini sul nasino e sulle guance. I capelli rossi erano acconciati ai lati della testa da due treccine legate con laccetti color verde acido che arrivavano fin sulle spalle; aveva due occhietti verdi e **vispi** che **esprimevano** intelligenza, **vivacità** e mi fissavano **curiosamente**. Indossava una buffa salopette in jeans che le dava un aspetto da monella con una maglietta a maniche corte dello stesso colore del sole estivo e delle scarpe da ginnastica rosse.

— Tu devi essere Leo, Edo mi ha parlato tanto di te!

Io la guardai un po' **perplesso** e **inquieto**, dovevamo giocare a carte io e lui, era la nostra giornata e non doveva **interferire** nessuno. Ero **irritato, deluso** e di lì a poco avrei **esternato** la mia rabbia, quando **intervenne** Edo:

— Lei è mia cugina Giudy, abita proprio qui vicino a me. — Poi aggiunse: — Giudy ti va di giocare a carte con noi?

— A carte? Certo... ma non qui, ragazzi! Prendete il mazzo e seguitemi, andiamo a casa mia che vi mostro una cosa.

La mia rabbia cresceva sempre più, ma tutto si svolgeva così velocemente e quella bambina era così **decisa** che la seguii **unitamente** ad Edo senza **oppormi**.

— Venite con me su! Voglio mostrarvi una cosa che vi piacerà tantissimo!

Giudy si diresse verso la sua casa seguita da me ed Edo. Arrivati là, suonò alla porta e sua madre, Elsa, una signora bionda e **distinta**, venne ad aprirci. Indossava un vestitino rosa aderente e portava un collier d'oro con una perla abbinato ad un paio di orecchini pendenti che le davano un'aria molto signorile ed elegante; i suoi occhi grandi e color nocciola esprimevano tanta vivacità. Dietro di lei c'era un cagnolino tutto bianco di media grandezza. Il suo pelo era **folto, lucente** e **setoso**; le orecchie erano lunghe e pendevano ai lati della sua testa. I suoi occhi erano tondi, neri e la loro **espressione era umana**; non appena ci vide iniziò a saltare abbaiando rumorosamente.

— Chi è questo bambino biondo Edo? — Poi aggiunse, rivolgendosi al cagnolino: — Buono Charlie, sapete, questo è il suo modo di salutare gli ospiti.

— Buongiorno, io mi chiamo Leo. — risposi con disinvoltura.

— Ma io ti conosco, tu devi essere il figlio di Vanessa...

— Sì! — Dissi **sorpreso**.

— Conosco bene tua madre, eravamo molto amiche da piccole, abbiamo frequentato la stessa scuola per cinque anni. È molto bello che i nostri figli possano diventare amici; ora non vi **trattengo** più, andate pure a giocare.

Salutammo la signora Elsa e uscimmo in giardino.

— Dai dai! Ora vi mostro una cosa che vi piacerà tantissimo! — **Incalzò** Giudy.

Subito dopo si avvicinò ad una grande quercia, poi ci mostrò delle piccole **cavità intagliate** nell'albero.

— Su su! Cosa aspettate! Infilate i piedi in prossimità di quelle **incavi** e salite fino alla chioma!

Lei precedendoci, con un **balzo felino** era già in cima. Facemmo la stessa cosa e in men che non si dica ci trovammo davanti ad una piccola casa nascosta tra il **fogliame**. Entrammo e... meraviglia... davanti a noi c'erano tre seggioline di diverso colore, **disposte** intorno ad un tavolino rosso. Era fantastica, sembrava la casa degli gnomi, non credevo ai miei occhi, ero finito in un piccolo rifugio segreto ed era meraviglioso!

— Benvenuti nella casa sull'albero... questo è il mio rifugio segreto. L'aveva costruito mio nonno tanto tempo fa.

Ad un tratto la mia rabbia **scemò** e cominciai a guardare Giudy con un misto di **interesse** e **ammirazione**. Poi **estrasse** dei foglietti con tre penne da una **botola** che si trovava nel pavimento e invitò ognuno di noi a scrivere e **sottoscrivere** sul proprio foglietto il seguente **patto**: "Questo è il nostro rifugio segreto e non lo **riveleremo** mai a nessuno". Subito dopo prese i foglietti e li **ripose** nella botola in cui erano prima.

— Ed ora possiamo giocare a carte! — Esclamò.

Dopo qualche partita, tra risate, racconti **stravaganti** e **affascinanti** di Giudy, arrivò l'ora di tornare a casa. Salutai entrambi e mentre parlavo, la mia nuova amica mi stampò un bacio sulla guancia che mi **colse piacevolmente di sorpresa**, il massimo che riuscii a fare in quel momento fu ricambiare con uno dei miei grandi sorrisi. Una giornata indimenticabile e fantastica, avevo trovato una nuova amica **bizzarra** e **curiosa**; inoltre avevo visto una meravigliosa casa sull'albero, un sogno che avevo da tempo e che non avrei mai potuto .

GLOSSARIO:

RISPETTOSO: educato.
INTERMINABILE: che non finisce mai.
ATTIVITÀ DI LABORATORIO: attività giocose di gruppo in cui si riflette e si impara.
CAPANNELLI: gruppi.
IN ATTESA: aspettando.
CONDUSSE: portò.
GRADITO: piaciuto, apprezzato.
SBARAZZINO: vivace e irrequieto.
SPRUZZATO: caratterizzato, con molte.
ESPRIMEVANO: lasciavano intravedere.
VIVACITÀ: vitalità, esuberanza.
CURIOSAMENTE: stranamente.
PERPLESSO: incerto, dubbioso.
INQUIETO: agitato.
INTERFERIRE: mettersi in mezzo, inserirsi.
IRRITATO: arrabbiato.
DELUSO: scontento, insoddisfatto.

ESTERNATO: manifestato, mostrato, fatto vedere.
INTERVENNE: entrò nella conversazione.
DECISA: determinata, che sa quello che vuole.
UNITAMENTE: insieme.
OPPORMI: fare resistenza, obiettare.
DISTINTA: che si distingue per le sue qualità, che ha doti di signorilità, raffinatezza.
FOLTO: denso, fitto.
LUCENTE: che splende, che emette luce.
SETOSO: che ha l'aspetto, la lucentezza, la consistenza della seta.
ESPRESSIONE UMANA: che assomiglia a quella delle persone.
SORPRESO: stupito.
TRATTENGO: freno, tengo.
INCALZÒ: far fretta, premere.

CAVITÀ: buchi, spazi vuoti.
INTAGLIATE: incise.
BALZO FELINO: salto agile e leggero, simile a quello di un gatto.
FOGLIAME: insieme di foglie.
DISPOSTE: messe in un certo modo.
SCEMÒ: diminuì.
INTERESSE: curiosità, attenzione.
AMMIRAZIONE: apprezzamento.
ESTRASSE: tirò fuori.
BOTOLA: cavità nel pavimento, apertura quadrata, rettangolare o tonda nel soffitto o nel pavimento.

SOTTOSCRIVERE: firmare.
PATTO: accordo.
RIVELEREMO: rendere note cose sconosciute, che non si sapevano.
RIPOSE: mise nuovamente al suo posto.
STRAVAGANTI: strani e al di fuori delle regole.
AFFASCINANTI: attraenti, incantevoli.
COLSE PIACEVOLMENTE DI SORPRESA: ci sorprese in modo positivo.
BIZZARRA: strana.
CURIOSA: strana, che suscita interessa, attira l'attenzione.

GIUDY

ASCOLTA ATTENTAMENTE LA LETTURA DELL'INSEGNANTE E COLORA GIUDY SEGUENDO LE SUE INDICAZIONI.

GIUDY

Ascolta attentamente la lettura dell'insegnante e colora Giudy seguendo le sue indicazioni.

ELSA

ASCOLTA ATTENTAMENTE LA LETTURA DELL'INSEGNANTE E COLORA ELSA SEGUENDO LE SUE INDICAZIONI.

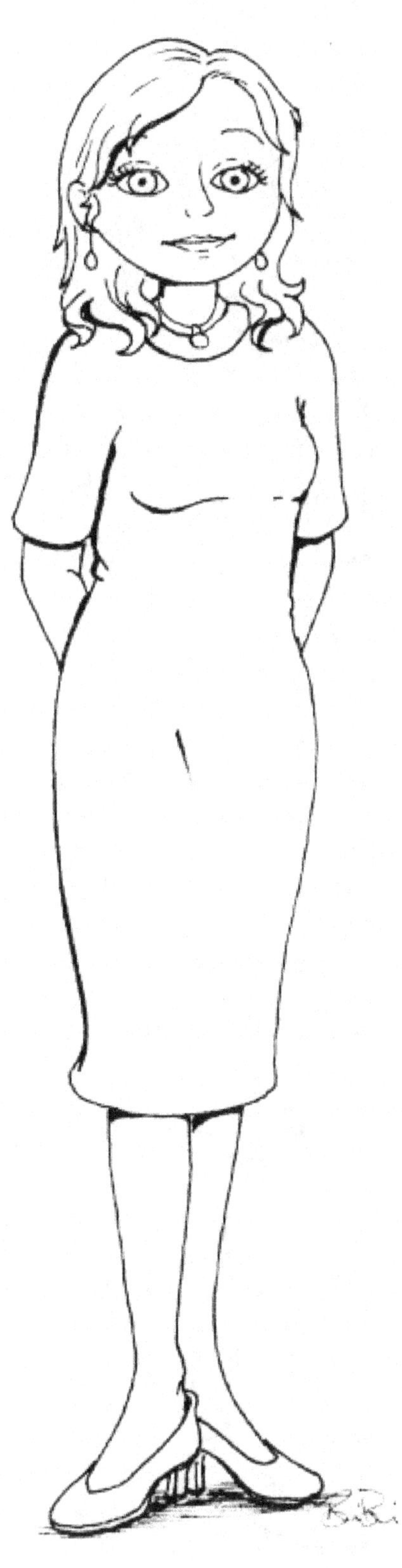

ELSA

Ascolta attentamente la lettura dell'insegnante e colora Elsa seguendo le sue indicazioni.

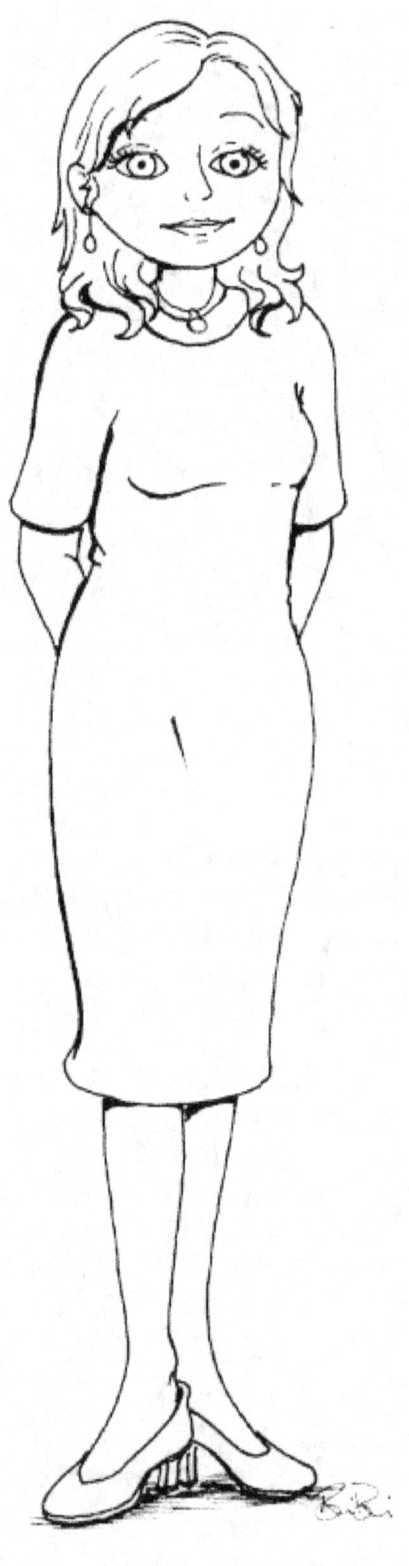

CHARLIE

ASCOLTA ATTENTAMENTE LA LETTURA DELL'INSEGNANTE E COLORA CHARLIE SEGUENDO LE SUE INDICAZIONI.

CHARLIE

Ascolta attentamente la lettura dell'insegnante e colora Charlie seguendo le sue indicazioni.

MICHELE

ASCOLTA ATTENTAMENTE LA LETTURA DELL'INSEGNANTE E COLORA MICHELE SEGUENDO LE SUE INDICAZIONI.

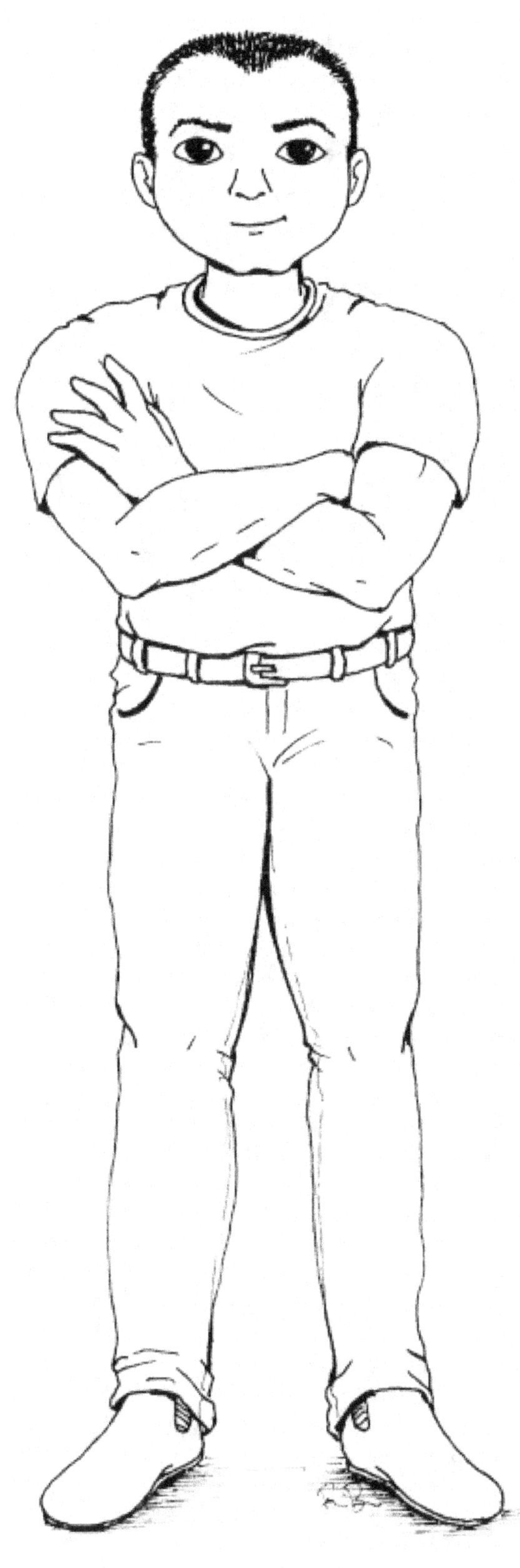

MICHELE

Ascolta attentamente la lettura dell'insegnante e colora Michele, il papà di Edo, seguendo le sue indicazioni.

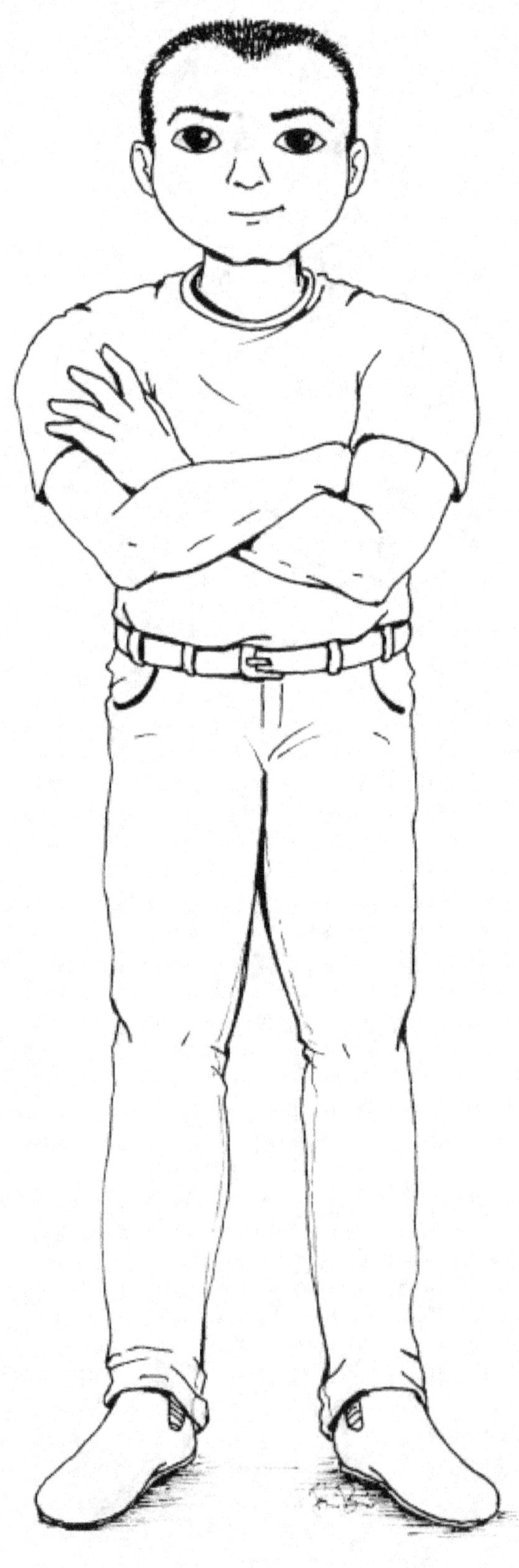

GIUDY

GIUDY HA UN VISETTO SBARAZZINO.

I SUOI OCCHI SONO VERDI E VISPI.

HA TANTE LENTIGGINI SUL NASINO.

HA DUE TRECCINE ROSSE.

HA UN CARATTERINO FORTE ED È VIVACE.

RISPONDI

1. COM'È IL VISO DI GIUDY?

....

2. COME SONO I SUOI OCCHI?

....

3. COS'HA SUL NASINO?

....

4. DI CHE COLORE SONO LE SUE TRECCINE?

....

5. COM'È IL SUO CARATTERE?

....

....

CRUCIPUZZLE

NELLO SCHEMA SONO PRESENTI 10 PAROLE (AGGETTIVI) RIGUARDANTI IL CARATTERE DI GIUDY, 5 IN VERTICALE E 5 IN ORIZZONTALE, TROVALE E COLORALE CON TINTE DIVERSE.

ORIZZONTALI	VERTICALI
BIZZARRA	VIVACE
STRAVAGANTE	CURIOSA
INTELLIGENTE	DECISA
AFFASCINANTE	TENACE
SIMPATICA	FORTE

A	F	F	A	S	C	I	N	A	N	T	E
G	H	S	I	K	P	U	W	I	O	A	R
I	N	T	E	L	L	I	G	E	N	T	E
C	A	Y	U	C	P	E	D	G	Z	H	D
U	S	T	R	A	V	A	G	A	N	T	E
R	T	N	G	E	I	K	R	N	F	E	C
I	E	Q	M	V	V	O	R	T	O	N	I
O	B	I	Z	Z	A	R	R	A	R	A	S
S	T	T	H	L	C	H	R	F	T	C	A
A	A	U	G	E	E	O	I	P	E	E	M
U	S	I	M	P	A	T	I	C	A	H	K

GIUDY

Giudy ha un visetto sbarazzino.

I suoi occhi sono verdi e vispi.

Ha tante lentiggini sul nasino.

Ha due treccine rosse.

Il suo carattere è forte ed è molto vivace.

RISPONDI

1.Com'è il viso di Giudy?

....

2. Come sono i suoi occhi?

....

3. Cos'ha sul nasino?

....

4. Di che colore sono le sue treccine?

....

5. Com'è il suo carattere?

....

....

CRUCIPUZZLE

Nello schema sono presenti 10 parole (aggettivi) riguardanti il carattere di Giudy, 5 in verticale e 5 in orizzontale, trovale e colorale con tinte diverse.

ORIZZONTALI	**VERTICALI**
BIZZARRA	VIVACE
STRAVAGANTE	CURIOSA
INTELLIGENTE	DECISA
AFFASCINANTE	TENACE
SIMPATICA	FORTE

A	F	F	A	S	C	I	N	A	N	T	E
G	H	S	I	K	P	U	W	I	O	A	R
I	N	T	E	L	L	I	G	E	N	T	E
C	A	Y	U	C	P	E	D	G	Z	H	D
U	S	T	R	A	V	A	G	A	N	T	E
R	T	N	G	E	I	K	R	N	F	E	C
I	E	Q	M	V	V	O	R	T	O	N	I
O	B	I	Z	Z	A	R	R	A	R	A	S
S	T	T	H	L	C	H	R	F	T	C	A
A	A	U	G	E	E	O	I	P	E	E	M
U	S	I	M	P	A	T	I	C	A	H	K

Ora trasforma in stampato minuscolo le parole del crucipuzzle.

....

....

....

....

ELSA

ELSA È LA MAMMA DI GIUDY.

È UNA SIGNORA BIONDA E DISTINTA.

INDOSSA UN VESTITINO ROSA ADERENTE.

PORTA UN COLLIER ABBINATO AD UN PAIO

DI ORECCHINI PENDENTI.

I SUOI OCCHI SONO GRANDI E COLOR NOCCIOLA ED ESPRIMONO

TANTA VIVACITÀ.

RISPONDI

1. CHI È ELSA?

....

....

2. DI CHE COLORE SONO I SUOI CAPELLI ?

....

....

3. COSA INDOSSA?

....

....

4. COSA PORTA AL COLLO?

....

....

5. COME SONO I SUOI OCCHI?

....

....

ELSA

Elsa è la mamma di Giudy.

È una signora bionda e distinta.

Indossa un vestitino rosa aderente.

Porta un collier abbinato ad un paio di orecchini pendenti.

I suoi occhi grandi e color nocciola esprimono tanta vivacità.

RISPONDI

1. Chi è Elsa?

....

2. Di che colore sono i suoi capelli?

....

3. Cosa indossa?

....

4. Cosa porta al collo?

....

5. Come sono i suoi occhi?

....

....

CHARLIE

CHARLIE È UN CAGNOLINO BIANCO DI MEDIA GRANDEZZA.

IL SUO PELO È FOLTO, LUCENTE E SETOSO.

LE SUE ORECCHIE SONO LUNGHE E PENDENTI.

I SUOI OCCHI SONO NERI, UMANI ED ESPRESSIVI.

CHARLIE ABBAIA E SALTA QUANDO ENTRANO DEGLI OSPITI IN CASA.

RISPONDI

1. CHI È CHARLIE?

....

....

2.COM'È IL SUO PELO?

....

....

3. COME SONO LE SUE ORECCHIE?

....

....

4. COME SONO I SUOI OCCHI?

....

....

5.COME SI COMPORTA QUANDO ENTRANO DEGLI OSPITI IN CASA?

....

....

CHARLIE

Charlie è un cagnolino bianco di media grandezza.

Il suo pelo è folto, lucente e setoso.

Le sue orecchie sono lunghe e pendenti.

Ha due occhi neri, umani ed espressivi.

Charlie abbaia e salta quando entrano degli ospiti in casa.

RISPONDI

1. Chi è Charlie?

....

 2. Com'è il suo pelo?

....

3. Come sono le sue orecchie?

....

4. Come sono i suoi occhi?

....

5. Come si comporta quando entrano degli ospiti in casa?

....

....

MICHELE

MICHELE È IL PAPÀ DI EDOARDO.

È ALTO E LE SUE BRACCIA SONO MUSCOLOSE.

LE SUE SPALLE SONO LARGHE.

I SUOI OCCHI SONO PENETRANTI.

SI COMPORTA IN MODO GENTILE ED ACCOGLIENTE.

RISPONDI

1. CHI È MICHELE?

....

2.COM'È FISICAMENTE?

....

3. COME SONO LE SUE BRACCIA?

....

4. COME SONO LE SUE SPALLE?

....

5.COME SONO I SUOI OCCHI?

....

6. COME SI COMPORTA?

....

....

MICHELE

Michele è il papà di Edoardo.

È alto e le sue braccia sono muscolose.

Le sue spalle sono larghe.

I suoi occhi sono penetranti.

Si comporta in modo gentile ed accogliente.

RISPONDI

1. Chi è Michele?

....

2.Com'è fisicamente?

....

3. Come sono le sue braccia?

....

4. Come sono le sue spalle?

....

5.Come sono i suoi occhi?

....

6. Come si comporta?

....

....

Leggi le parole (aggettivi) presenti nei rettangoli riferite al carattere di Giudy.

affascinante   strana   trascinante   divertente

simpatica   bizzarra   allegra   esuberante

serena   stravagante   intelligente   vispa

CRUCIPUZZLE

Nello schema sono presenti le 12 parole che hai appena letto, trovale e colorale con tinte diverse.

A	F	F	A	S	C	I	N	A	N	T	E
G	H	S	T	R	A	N	A	I	O	A	R
I	N	T	E	L	L	I	G	E	N	T	E
C	A	L	L	E	G	R	A	G	Z	H	D
U	S	D	I	V	E	R	T	E	N	T	E
R	E	S	U	B	E	R	A	N	T	E	C
T	R	A	S	C	I	N	A	N	T	E	I
O	B	I	Z	Z	A	R	R	A	K	A	S
V	I	S	P	A	Y	S	E	R	E	N	A
S	T	R	A	V	A	G	A	N	T	E	M
U	S	I	M	P	A	T	I	C	A	H	K

ELSA

Nei rettangoli sono presenti 6 parole (aggettivi) relative ad Elsa e 6 contrari.

| maleducata | scortese | villana | incivile | sgarbata | rozza |

| gentile | amabile | affabile | cordiale | educata | cortese |

CRUCIPUZZLE

Nello schema sono presenti le 12 parole scritte nei rettangoli qui sopra, 6 in verticale e 6 in orizzontale, trovale e colorale con tinte diverse.

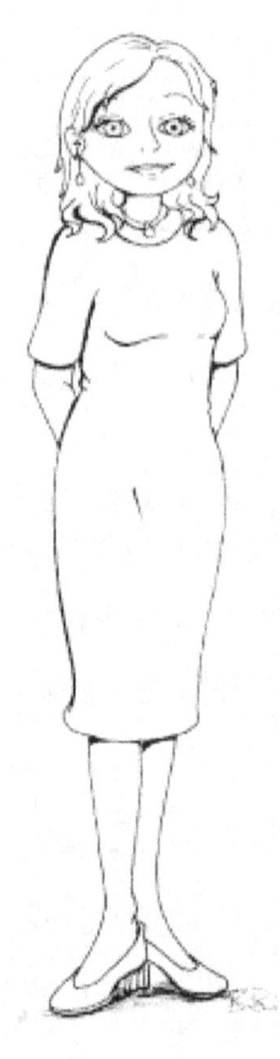

A	F	F	A	B	I	L	E	A	N	T	M
C	H	S	M	K	U	U	C	I	O	A	A
O	N	R	A	L	S	I	O	I	A	L	L
R	A	O	B	S	C	O	R	T	E	S	E
T	S	Z	I	A	I	A	D	A	D	T	D
E	O	Z	L	A	H	K	I	N	U	E	U
S	E	A	E	V	I	O	A	T	C	G	C
E	O	G	E	N	T	I	L	E	A	A	A
I	N	C	I	V	I	L	E	F	T	G	T
E	A	U	G	E	V	I	L	L	A	N	A
U	M	G	A	R	O	Z	Z	A	A	H	K
C	V	B	M	S	G	A	R	B	A	T	A

CHARLIE

Ecco un elenco di parole (aggettivi) che riguardano il carattere di Charlie.

vivace	dinamico	coccolone	attivo

energico			allegro

pimpante	simpatico	giocoso	furbetto

CRUCIPUZZLE

Nello schema sono presenti le 10 parole (aggettivi) riguardanti il carattere di Charlie, trovale e colorale con tinte diverse.

D	I	N	A	M	I	C	O	D	D
C	O	C	C	O	L	O	N	E	E
S	I	M	P	A	T	I	C	O	L
A	L	L	E	G	R	O	D	C	E
U	F	U	R	B	E	T	T	O	A
V	I	V	A	C	E	K	L	N	L
I	E	P	I	M	P	A	N	T	E
A	E	N	E	R	G	I	C	O	N
G	I	O	C	O	S	O	E	R	T
A	T	T	I	V	O	S	P	E	N

MICHELE

Colora nello stesso modo alcune parole (aggettivi) e i relativi contrari.

calmo	debole	allegro	triste	agitato	forte

CRUCIPUZZLE

Trova le 11 parole (aggettivi) riguardanti Michele e colorale con tinte diverse.

AMOREVOLE – CORTESE – GENTILE – SICURO – ATTIVO – ENERGICO
CORDIALE – VIGOROSO – SIMPATICO – ALTO – INTELLIGENTE

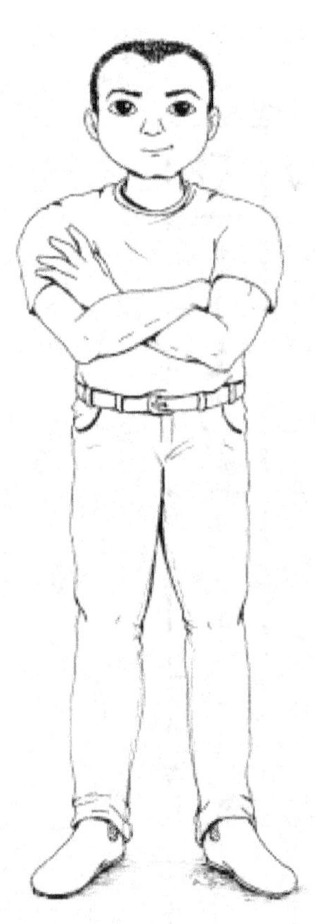

A	L	T	O	J	G	P	H	L	U	K	E
G	H	S	S	I	M	P	A	T	I	C	O
I	N	T	E	L	L	I	G	E	N	T	E
C	A	C	O	R	T	E	S	E	O	M	R
U	S	T	G	E	N	T	I	L	E	O	K
E	N	E	R	G	I	C	O	N	E	E	I
I	A	M	O	R	E	V	O	L	E	N	K
A	E	N	V	I	G	O	R	O	S	O	O
S	T	C	O	R	D	I	A	L	E	C	A
A	A	S	I	C	U	R	O	R	T	E	G
A	T	T	I	V	O	U	R	Y	K	M	O

Scegli alcune parole presenti nel crucipuzzle e componi delle frasi a piacere.

Scegli alcune parole presenti nel crucipuzzle e componi delle frasi a piacere.

LA CASA SULL'ALBERO

LEGGI ATTENTAMENTE.

LEO INIZIALMENTE ERA ARRABBIATO PERCHÉ VOLEVA GIOCARE CON EDO INVECE È ARRIVATA GIUDY.

ARRABBIARSI È UNA COSA CHE FA STARE MALE, LE COSE CHE PRIMA ERANO BELLE DIVENTANO BRUTTE, SE POI CI SI ARRABBIA CON GLI AMICI NON SI GIOCA PIÙ.

QUANDO SI È ARRABBIATI NON SI PUÒ PIÙ PARLARE, RIDERE, SCHERZARE E FARE COSE DIVERTENTI INSIEME.

E TU COSA NE PENSI?

A TE È MAI CAPITATO DI ARRABBIARTI?

COS'È PER TE LA RABBIA?

DISEGNALA NEL RIQUADRO SOTTOSTANTE.

IL TERMOMETRO DELLA RABBIA

QUANTO TI ARRABBI DI SOLITO?

COLORA IL TERMOMETRO DELLA RABBIA.

CONSIGLI PER QUANDO TI ARRABBI

1. FAI DEI RESPIRI MOLTO PROFONDI E ASCOLTA IL TUO RESPIRO.

2. SE IL MOTIVO RIGUARDA UNO
   SCREZIO CON UN TUO COMPAGNO
   IGNORA LE PROVOCAZIONI.

3. PROVA A PENSARE COSE POSITIVE
   PER ESEMPIO:
   NON VALE LA PENA ARRABBIARSI
   PER QUESTA COSA;
   FORSE IL MIO COMPAGNO NON
   L'HA FATTO DI PROPOSITO.

4. PENSA A UN MODO PER USCIRE
   DALLA SITUAZIONE ES:
   CANTARE UNA CANZONE CHE TI
   PIACE TANTO TI AIUTERÀ A NON
   PENSARCI PIÙ;
   LEGGERE;
   PENSARE A COSE BELLE;
   PENSARE A CHI TI VUOLE BENE.

E INFINE RICORDA CHE

ARRABBIARSI È NORMALE, PERÒ NON BISOGNA FARE DEL MALE AGLI
ALTRI, A SE STESSI O ROVINARE LE COSE,

BISOGNA PARLARNE!

LA CASA SULL'ALBERO

Leggi attentamente.

Leo inizialmente era arrabbiato perché voleva giocare con Edo invece è arrivata Giudy.

Arrabbiarsi è una cosa che fa stare male, le cose che prima erano belle diventano brutte, se poi ci si arrabbia con gli amici non si gioca più.

Quando si è arrabbiati non si può più parlare, ridere, scherzare e fare cose divertenti insieme.

E tu cosa ne pensi?

A te è mai capitato di arrabbiarti?

Cos'è per te la rabbia?

Disegnala nel riquadro sottostante.

IL TERMOMETRO DELLA RABBIA

Quanto ti arrabbi di solito?

Colora il termometro della rabbia.

CONSIGLI PER QUANDO TI ARRABBI

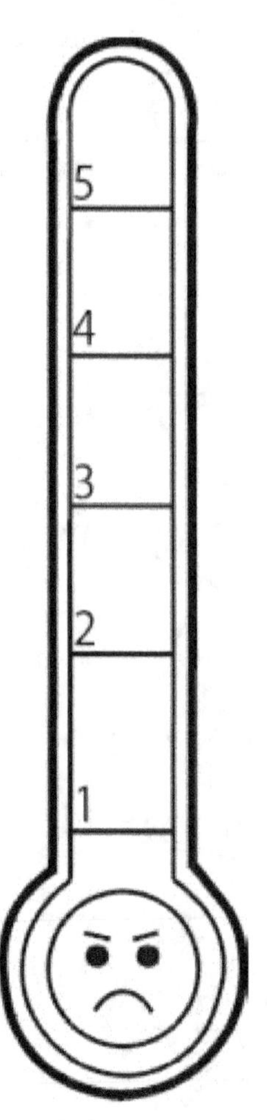

1. Fai dei respiri molto profondi e ascolta il tuo respiro.

2. Se il motivo riguarda uno screzio con un tuo compagno ignora le provocazioni.

3. Prova a pensare cose positive per esempio:

   non vale la pena arrabbiarsi per questa cosa;

   forse il mio compagno non l'ha fatto di proposito.

4. Pensa a un modo per uscire dalla situazione es:

   cantare una canzone che ti piace tanto ti aiuterà a non pensarci più;

   leggere;

   pensare a cose belle;

   pensare a chi ti vuole bene.

E INFINE RICORDA CHE

Arrabbiarsi è normale, però non bisogna fare del male agli altri, a se stessi o rovinare le cose...

BISOGNA PARLARNE!

LA CASA SULL'ALBERO

Fai una crocetta accanto alla risposta corretta.

1. Perché Leo aspettava da tutta la settimana quel giorno?

☐ Dovevano andare ai giardini pubblici.

☐ Doveva andare a casa di Edo a giocare a carte.

☐ Dovevano andare a casa di Giudy.

2. Chi arrivò a casa di Edo ad un tratto?

☐ La sua amica Giudy.

☐ Suo cugino Giorgio.

☐ Sua cugina Giudy.

3. Dove li portò Giudy?

☐ In una casetta in cima ad un albero del suo giardino.

☐ In una casetta costruita dietro casa sua.

☐ In una casetta nel bosco.

4. Cosa disse la signora Elsa a Leo?

☐ Che conosceva sua madre.

☐ Che conosceva sua zia.

☐ Che era simpatico.

5. Cosa c'era nella casetta?

☐ Dei tappeti e un divanetto.

☐ I giochi di Giudy.

☐ Un tavolino rosso con tre seggioline.

6. Leo inizialmente era arrabbiato poi decise di seguire Giudy. Tu cosa avresti fatto?

☐ L'avrei seguita anch'io.

☐ Sarei tornato a casa mia.

☐ Non l'avrei seguita.

7. E tu come ti comporti quando stai giocando con un amico e qualcuno ti chiede di unirsi a voi?

☐ Gli rispondo di no.

☐ Mi sposto da un'altra parte senza rispondere.

☐ Gli permetto di giocare con noi.

Colora la casa sull'albero

LA CASA SULL'ALBERO

Leggi attentamente.

Ti è piaciuta la casa sull'albero di Giudy? Rileggi attentamente la descrizione di Leo, poi completa lo schema sottostante trasformando completamente l'aspetto della casa.

Ad esempio potrebbe diventare:"La casa dei ragni."

Infine trascrivi il testo.

COMPLETA

In men che non si dica ci trovammo davanti ad ....

....

....

Entrammo e .... davanti a noi c'erano ....

....

....

Era ...., sembrava ....

non credevo ai miei occhi, ero finito in un ....

ed era ....

....

....

Ora scrivi il titolo e trascrivi il testo.

TITOLO

....

....

....

....

....

....

....

....

....

....

....

....

LA CASA SULL'ALBERO

Leggi attentamente.

Leo inizialmente è arrabbiato perché voleva giocare con Edo invece è arrivata Giudy.

Arrabbiarsi è una cosa che fa stare male, le cose che prima erano

belle diventano brutte, quando poi ci si arrabbia con gli amici non si gioca più, non si può più parlare, ridere, scherzare e fare cose divertenti insieme.

E tu cosa ne pensi?

A te è mai capitato di arrabbiarti?

Cos'è per te la rabbia? Disegnalo nel riquadro sottostante poi rispondi alle domande.

Cosa ti fa arrabbiare? (Es: quando ti prendono in giro, quando ti escludono ecc.)

....

....

Cosa ti fa calmare? (Es: fare un lungo respiro, contare fino a 10 ecc.)

....

....

IL TERMOMETRO DELLA RABBIA

Quanto ti arrabbi di solito?

Colora il termometro della rabbia.

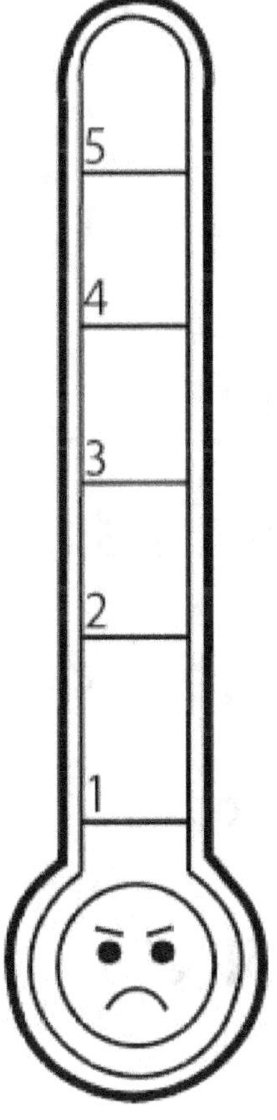

CONSIGLI PER QUANDO TI ARRABBI

1. Fai dei respiri molto profondi e ascolta il tuo respiro.

2. Se il motivo riguarda uno screzio con un tuo compagno ignora le provocazioni.

3. Prova a pensare a cose positive per esempio:

   non vale la pena arrabbiarsi per questa cosa;

   forse il mio compagno non l'ha fatto di proposito.

4. Pensa a un modo per uscire dalla situazione es:

   cantare una canzone che ti piace tanto ti aiuterà a non pensarci più;

   leggere;

   pensare a cose belle;

   pensare a chi ti vuole bene.

E INFINE RICORDA CHE

ARRABBIARSI È NORMALISSIMO,

ma non bisogna fare del male agli altri,

a se stessi o rovinare le cose,

BISOGNA PARLARNE!

16 APRILE 2012
L'uomo del bosco

— Giudy quanto manca? Avevi detto che saremmo arrivati in un **battibaleno** alla casa dei folletti...

— Un po' di pazienza, non manca molto, smettetela di lamentarvi e seguitemi!

— Non ce la faccio più, sono stanco! — disse Edo.

— Anch'io, sono **sfinito**... — aggiunsi io.

— Ok ok, fermiamoci e riposiamo un attimo.

Ci eravamo appena seduti sull'erba quando sentimmo un rumore strano, sembrava il suono di un fischietto. Giudy ci fece cenno di stare in silenzio e **ci mettemmo in ascolto**. Poi lo stesso suono si ripeté per tre volte; a quel punto Giudy si alzò di scatto e cominciò a correre urlando:

— Correte correte, svelti!

Era così veloce che non riuscivamo a **starle dietro, il cuore mi usciva dal petto**; dietro di me Edo ansimava e **sbuffava come un treno a vapore**.

— Fermati Giudy, non correre così forte, non riesco a **tenere il tuo ritmo**! — urlai con quel poco fiato che mi era rimasto.

— Dobbiamo correre, svelti! Lui è qui, sta arrivando, muovetevi!

— Lui chi? — Dissi io.

— Correte e basta, non c'è tempo di spiegare ora, datevi una mossa!

Il bosco era silenzioso e **deserto**, il terreno **impervio** e scivoloso non ci permetteva di **proseguire** velocemente, ma Giudy correva **all'impazzata** e noi tentavamo di stare al suo passo, inciampando tra le radici e scivolando sui sassi umidi. Ad un tratto **incespicai** in un grosso sasso e rotolai per terra; a quel punto Giudy si arrestò e ci fece cenno di fermarci, poi si intrufolò tra il **fogliame** ed **aprì un varco**. La seguimmo e ci portò all'**imboccatura** di una grotta.

— Entriamo, finché il pericolo non è passato!

Così la seguimmo e ci sedemmo uno vicino all'altro per farci coraggio.

— Mi spieghi da chi stiamo scappando? — Chiesi nuovamente a Giudy.
— Dall'uomo del bosco!
— L'uomo del bosco? E chi sarebbe? — Chiese Edo.
— L'uomo del bosco è molto pericoloso, vive in una casa recintata da alte mura e dicono che rapisca i bambini. Pare che il suo arrivo sia sempre **preceduto** dal suono ripetuto di un fischietto.

Mentre Giudy parlava, sentimmo nuovamente quel fischio ripetersi per tre volte. Mi voltai verso l'imboccatura della grotta perché sentii un **fruscio** e notai che il fogliame si stava muovendo, ad un tratto lo vidi e mi **irrigidii**, poi guardai i miei amici, anche loro erano **paralizzati** dalla paura. L'uomo del bosco era lì davanti a noi e ci fissava intensamente; era alto e robusto, indossava una camicia in **Tartan** rossa a strisce nere con righe blu, gialle e bianche incrociate, aveva le maniche arrotolate che mettevano in evidenza le sue manacce enormi con unghie lunghe, nere e spesse; aveva occhi scuri e severi, indossava delle scarpe marroni gigantesche con suole adatte alle lunghe camminate nei boschi e pantaloni neri e **lisi**, inoltre, aveva un'espressione **malvagia** e **minacciosa**.

— Guarda, guarda che belle treccine rosse, anche oggi la mia cena è assicurata, entro stasera ti mangerò! — Disse con voce **roca** e **tonante**.

Giudy sgranò gli occhi e **deglutì** a fatica, subito dopo si girò verso di me e mi disse:

— Tu invece diventerai mio schiavo, spazzerai bene tutta la mia casa per tre volte al giorno e **alimenterai** il camino in inverno, soprattutto durante la notte.

Infine rivolgendosi ad Edo aggiunse:

— Tu rimarrai vivo finché non sarai ingrassato per bene e pronto per essere cucinato.
— Perché vuoi farci del male? Noi non ti abbiamo fatto nulla! — Inaspettatamente Edo si era fatto coraggio e lo stava affrontando.

Paralizzati dalla paura vedemmo l'uomo del bosco diventare **paonazzo**. Ad un tratto prese Edo per un piede e lo sollevò in aria **capovolgendolo**, stava per avvicinarlo alle sue fauci spalancate, quando sentii una voce:

— Sveglia Leo, svelto, è ora di alzarsi, forza! Cos'è quel fiatone?
— Niente niente mamma, più tardi ti spiegherò...

Ero in un **bagno di sudore**, del tutto confuso e faticavo ancora a riprendermi da quello che era stato solo un incubo, un bruttissimo incubo.

Quando lo realizzai ero così felice che abbracciai mia madre e la baciai come non avevo mai fatto prima. Lei mi guardò stranita e mi disse:

— Leo... sicuro di star bene?

— Certo che sì! Come ti ho detto ti spiegherò poi.

Dopo mi alzai e mentre facevo colazione raccontai il sogno a mia madre e pensai alle facce di Edo e Giudy quando avrei esposto loro il mio incubo...

GLOSSARIO:

BATTIBALENO: velocemente.
SFINITO: senza forze.
CI METTEMMO IN ASCOLTO:
STARLE DIETRO: starle appresso, tenere il suo passo.
IL CUORE MI USCIVA DAL PETTO: il cuore batteva così forte che sembrava uscire dal petto.
SBUFFAVA COME UN TRENO A VAPORE: a causa dello sforzo sembrava un treno a vapore.
TENERE IL TUO RITMO: correre forte quanto te.
DESERTO: luogo in cui non c'è nessuno, vuoto, abbandonato.
IMPERVIO: difficile, impegnativo, arduo.
PROSEGUIRE: continuare.
ALL'IMPAZZATA: precipitosamente.
INCESPICAI: inciampai.
APRÌ UN VARCO: creò un'entrata.
ALL'IMBOCCATURA: all'ingresso.

PRECEDUTO: anticipato.
FRUSCIO: rumore lieve e prolungato.
IRRIGIDII: diventai rigido.
PARALIZZATI DALLA PAURA: immobili, non riuscivano più a muoversi per la grande paura che provavano.
TARTAN: tessuto tinto in filo, con disegno caratterizzato da una quadrettatura a colori che si intervallano in ordito e in trama, a creare una fantasia simmetrica.
MALVAGIA: cattiva.
MINACCIOSA: che incute paura.
ROCA: poco limpida, aspra.
TONANTE: molto forte.
DEGLUTÌ: mandò giù, inghiottì.
ALIMENTERAI: terrai acceso.
PAONAZZO: di colore violaceo scuro.
CAPOVOLGENDOLO: mettendolo a testa in giù.
BAGNO DI SUDORE: molto sudato.

L'UOMO DEL BOSCO

ASCOLTA ATTENTAMENTE LA LETTURA DELL'INSEGNANTE E COLORA L'UOMO DEL BOSCO SEGUENDO LE SUE INDICAZIONI.

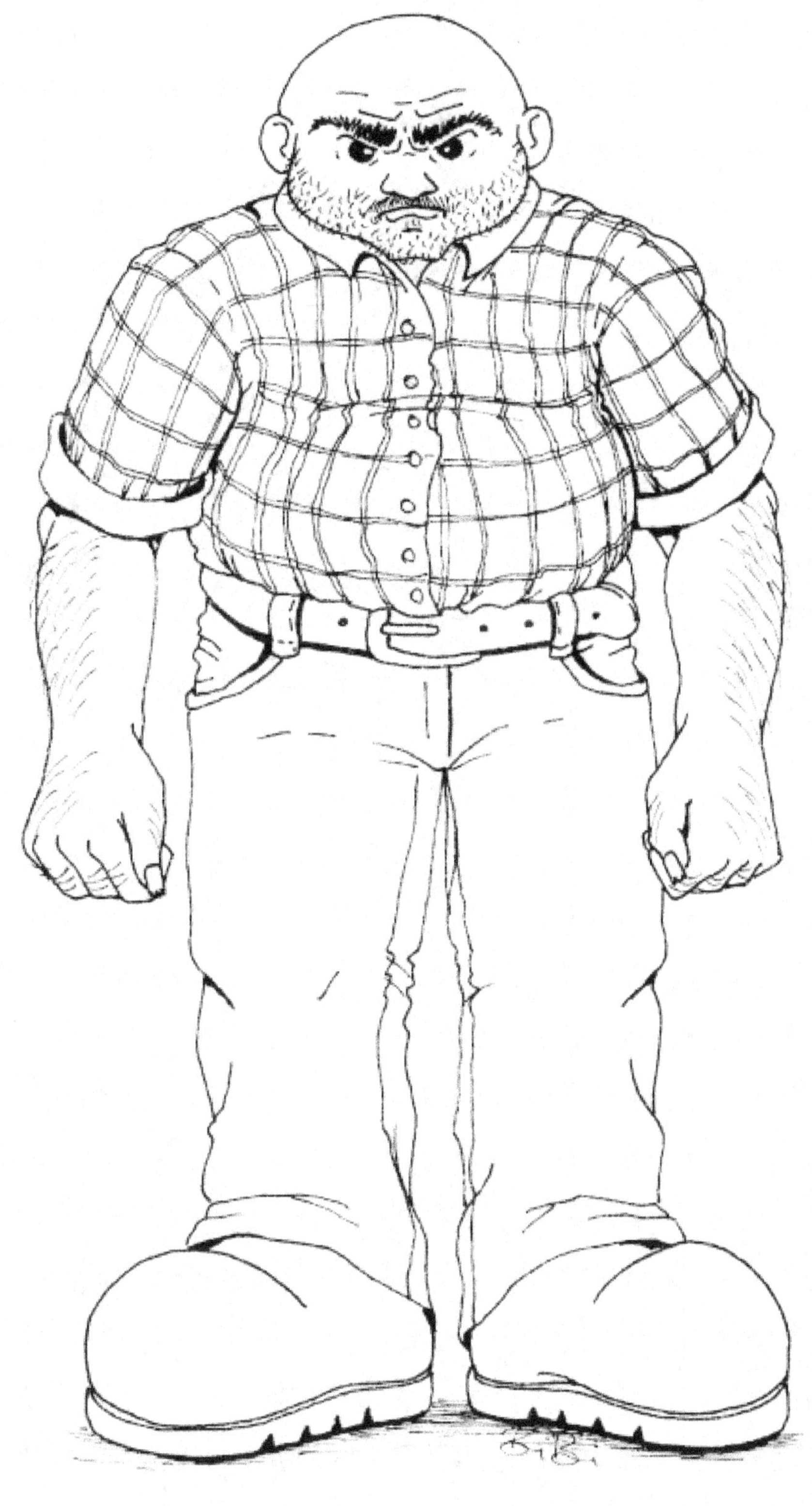

L'UOMO DEL BOSCO

Ascolta attentamente la lettura dell'insegnante e colora l'uomo del bosco seguendo le sue indicazioni.

L'UOMO DEL BOSCO

EDO, LEO E GIUDY SI NASCONDONO IN UNA GROTTA MA AD UN TRATTO SENTONO UN RUMORE E QUANDO SI GIRANO VEDONO L'UOMO DEL BOSCO CHE LI FISSA INTENSAMENTE. È ALTO E ROBUSTO, CON DUE MANACCE ENORMI, LE UNGHIE SONO LUNGHE, NERE E SPESSE. I SUOI OCCHI SONO SCURI E SEVERI. INDOSSA DELLE SCARPE GIGANTESCHE. HA UN'ESPRESSIONE MALVAGIA E MINACCIOSA.

RISPONDI

1. DOVE SI NASCONDONO I TRE AMICI?

....

2. CHI VEDONO AD UN TRATTO?

....

3. COM'È L'UOMO DEL BOSCO? COME SONO LE SUE MANI?

....

4. COME SONO I SUOI OCCHI?

....

5. COSA INDOSSA?

....

6. COM'È LA SUA ESPRESSIONE?

....

CRUCIPUZZLE

NELLO SCHEMA SONO PRESENTI 10 PAROLE RIGUARDANTI L'UOMO DEL BOSCO, 5 IN VERTICALE E 5 IN ORIZZONTALE, TROVALE E COLORALE CON TINTE DIVERSE.

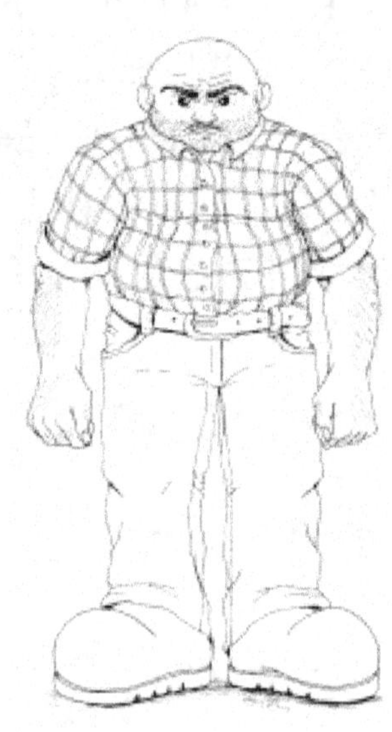

ORIZZONTALI

ALTO
ROBUSTO
AGGRESSIVO
SEVERO
TERRIBILE

VERTICALI

MALVAGIO
MINACCIOSO
MALEFICO
PERFIDO
CATTIVO

A	G	G	R	E	S	S	I	V	O	T	M
G	H	S	P	M	P	U	W	I	O	A	I
I	N	M	E	A	U	R	I	H	I	P	N
C	A	A	R	L	P	E	D	G	Z	H	A
A	S	L	F	E	J	A	L	P	N	T	C
T	T	V	I	F	I	A	L	T	O	E	C
T	E	A	D	I	V	O	R	T	O	N	I
I	B	G	O	C	R	O	B	U	S	T	O
V	T	I	H	O	C	H	R	F	T	C	S
O	A	O	G	E	E	S	E	V	E	R	O
T	E	R	R	I	B	I	L	E	A	H	K

L'UOMO DEL BOSCO

Edo, Leo e Giudy si nascondono in una grotta ma ad un tratto sentono un rumore e quando si girano vedono l'uomo del bosco che li fissa intensamente. È alto e robusto con due manacce enormi, le unghie sono lunghe, nere e spesse. I suoi occhi sono scuri e severi. Indossa delle scarpe gigantesche. Ha un'espressione malvagia e minacciosa.

RISPONDI

1. Dove si nascondono i tre amici?

....

....

2. Chi vedono ad un tratto?

....

....

3. Com'è l'uomo del bosco? Come sono le sue mani?

....

....

4. Come sono i suoi occhi?

....

....

5. Cosa indossa?

....

....

6. Com'è la sua espressione?

....

....

CRUCIPUZZLE

Nello schema sono presenti 10 parole riguardanti l'uomo del bosco, 5 in verticale e 5 in orizzontale, trovale e colorale con tinte diverse.

ORIZZONTALI

ALTO
ROBUSTO
AGGRESSIVO
SEVERO
TERRIBILE

VERTICALI

MALVAGIO
MINACCIOSO
MALEFICO
PERFIDO
CATTIVO

A	G	G	R	E	S	S	I	V	O	T	M
G	H	S	P	M	P	U	W	I	O	A	I
I	N	M	E	A	Q	R	I	A	I	L	N
C	A	A	R	L	P	E	D	G	Z	H	A
A	S	L	F	E	J	A	L	P	N	T	C
T	T	V	I	F	I	A	L	T	O	E	C
T	E	A	D	I	V	O	A	T	O	Q	I
I	B	G	O	C	R	O	B	U	S	T	O
V	T	I	H	O	C	H	R	F	T	C	S
O	A	O	G	E	E	S	E	V	E	R	O
T	E	R	R	I	B	I	L	E	A	H	K

L'UOMO DEL BOSCO

RIORDINA LE FRASI.

DI UN FISCHIETTO.	SI SIEDONO SULL'ERBA.	GIUDY SI ALZA DI SCATTO
AD UN TRATTO SENTONO IL RUMORE	EDO GIUDY E LEO	E COMINCIA A CORRERE.

RISCRIVI IL TESTO CHE HAI OTTENUTO.

CRUCIPUZZLE

Nello schema sono presenti 10 parole riguardanti l'uomo del bosco, 5 in verticale e 5 in orizzontale, trovale e colorale con tinte diverse, poi trasformale in stampato minuscolo e scrivile nelle righe sottostanti.

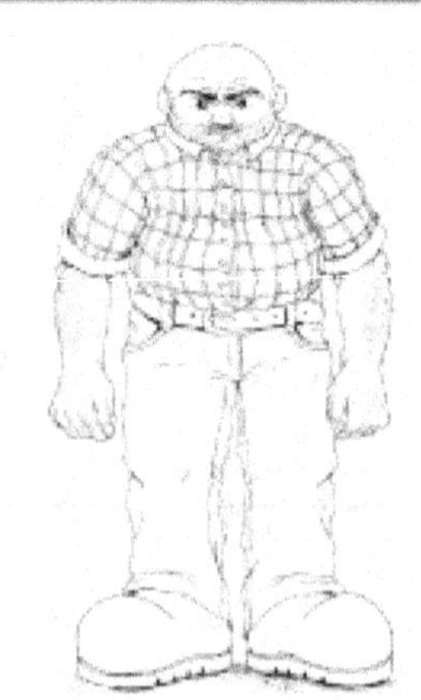

A	G	G	R	E	S	S	I	V	O	T	M
G	H	S	P	M	P	U	W	I	O	A	I
I	N	M	E	A	E	R	I	U	I	L	N
C	A	A	R	L	P	E	D	G	Z	H	A
A	S	L	F	E	J	A	L	P	N	T	C
T	T	V	I	F	I	A	L	T	O	E	C
T	E	A	D	I	V	O	R	T	O	N	I
I	B	G	O	C	R	O	B	U	S	T	O
V	T	I	H	O	C	H	R	F	T	C	S
O	A	O	G	E	E	S	E	V	E	R	O
T	E	R	R	I	B	I	L	E	A	H	K

TRASFORMA

....

....

....

....

....

L'UOMO DEL BOSCO

Riordina le frasi.

di un fischietto.	si siedono sull'erba.	Giudy si alza di scatto
Ad un tratto sentono il rumore	Edo Giudy e Leo	e comincia a correre.

Riscrivi il breve testo che hai ottenuto.

....

....

....

....

....

....

....

....

....

....

....

CRUCIPUZZLE

Nello schema sono presenti 10 parole riguardanti l'uomo del bosco , 5 in verticale e 5 in orizzontale, trovale e colorale con tinte diverse.

A	G	G	R	E	S	S	I	V	O	T	M
G	H	S	P	M	P	U	W	I	O	A	I
I	N	M	E	A	G	Y	I	B	I	L	N
C	A	A	R	L	P	E	D	G	Z	H	A
A	S	L	F	E	J	A	L	P	N	T	C
T	T	V	I	F	I	A	L	T	O	E	C
T	E	A	D	I	V	O	R	T	O	N	I
I	B	G	O	C	R	O	B	U	S	T	O
V	T	I	H	O	C	H	R	F	T	C	S
O	A	O	G	E	E	S	E	V	E	R	O
T	E	R	R	I	B	I	L	E	A	H	K

Scrivi un tuo pensiero sull'uomo del bosco.

....

....

....

....

L'UOMO DEL BOSCO

LEGGI ATTENTAMENTE.

I TRE AMICI SONO TERRORIZZATI PERCHÉ SI SONO TROVATI FACCIA A FACCIA CON L'UOMO DEL BOSCO, SONO IMPIETRITI, PARALIZZATI.

IL TERRORE È UN'EMOZIONE NEGATIVA, UNA FORTISSIMA PAURA. QUANDO SI PROVA TERRORE I MUSCOLI SONO PARALIZZATI, A VOLTE SI BLOCCA IL RESPIRO, NON CI SI SENTE TRANQUILLI E NON SI RIESCE A PIÙ RAGIONARE.

DI CHE COLORE È IL TERRORE SECONDO TE? RISPONDI E COLORA IL TRIANGOLO CON LA STESSA TONALITÀ .

....

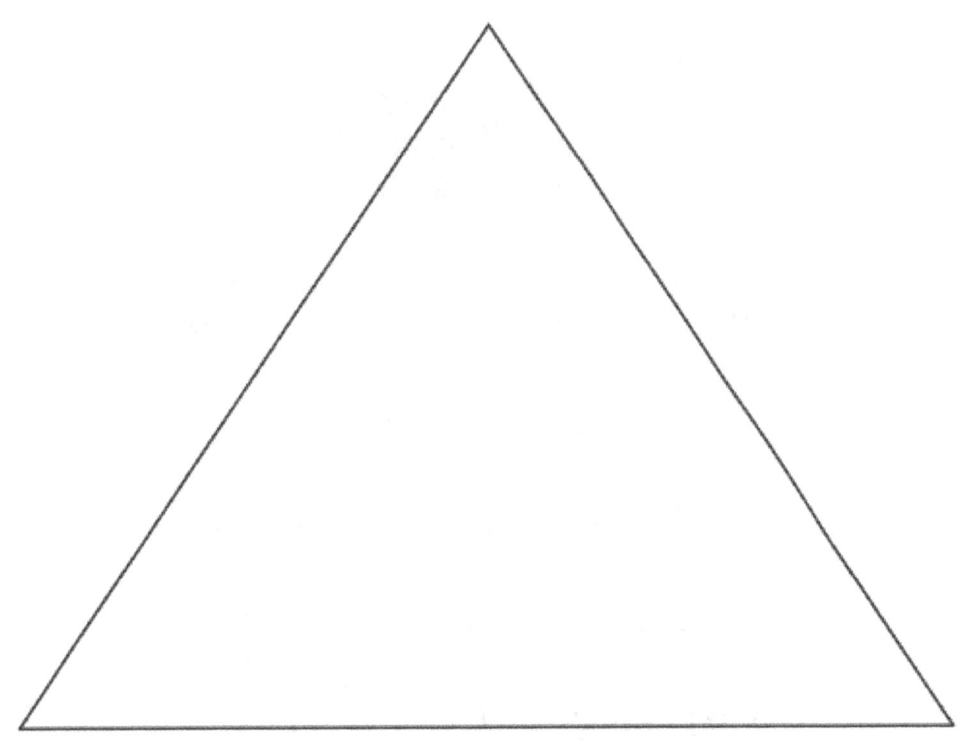

E TU SEI TERRORIZZATO DA QUALCOSA? SE LA RISPOSTA È SÌ SCRIVILO POI CONFRONTA LA TUA RISPOSTA CON QUELLE DEI COMPAGNI.

....

....

CONSIGLIO PER SUPERARE I MOMENTI DI TERRORE

INVENTA UNA FILASTROCCA CHE SARÀ LA TUA FORMULA MAGICA DEL CORAGGIO DA RIPETERE OGNI VOLTA CHE PROVI TERRORE. PER ESEMPIO:

FILASTROCCA SCACCIA TERRORE

UN, DUE , TRE

IL TERRORE SCOMPARE DA ME

LA FILASTROCCA L'HA SCACCIATO

NON SONO PIÙ SPAVENTATO!

L'UOMO DEL BOSCO

LEGGI ATTENTAMENTE.

I tre amici sono terrorizzati perché si sono trovati faccia a faccia con l'uomo del bosco, sono impietriti, paralizzati.

Il terrore è un'emozione negativa, una fortissima paura. Quando si prova terrore i muscoli sono paralizzati, a volte si blocca il respiro, non ci si sente tranquilli e non si riesce a più ragionare.

Di che colore è il terrore secondo te? Rispondi e colora il triangolo con la stessa tonalità.

E tu sei terrorizzato da qualcosa? Se la risposta è sì scrivilo poi confronta la tua risposta con quelle dei compagni.

....

....

CONSIGLIO PER SUPERARE I MOMENTI DI TERRORE

Inventa una filastrocca che sarà la tua formula magica del coraggio da ripetere ogni volta che provi terrore. Per esempio:

FILASTROCCA SCACCIA TERRORE

Un, due , tre

il terrore scompare da me

la filastrocca l'ha scacciato

NON SONO PIÙ SPAVENTATO!

L'UOMO DEL BOSCO

Fai una crocetta accanto alla risposta corretta.

1. Chi incontrarono Leo e Giudy?

- [ ] Un uomo buono.
- [ ] Un bambino.
- [ ] L'uomo del bosco.

2. Perché Giudy correva all'impazzata?

- [ ] Aveva paura che iniziasse a piovere.
- [ ] Aveva paura che arrivasse l'uomo del bosco.
- [ ] Aveva paura che facesse buio.

3. Perché l'uomo del bosco era pericoloso secondo Giudy?

- [ ] Perché in passato era stato in prigione.
- [ ] Perché correva voce che rapisse i bambini.
- [ ] Perché aveva un aspetto orribile.

4. Cosa successe dopo che i tre amici sentirono i tre suoni del fischietto?

- [ ] Videro la mamma di Giudy.
- [ ] Videro un loro amico.
- [ ] Si trovarono faccia a faccia con l'uomo del bosco.

5. Cosa disse Edo all'uomo del bosco?

- [ ] Lo pregò di non fargli del male.
- [ ] Lo pregò di lasciarli andare.
- [ ] Gli chiese perché volesse far loro del male senza alcun motivo.

6. Come reagì l'uomo del bosco?

- [ ] Si mise a ridere.
- [ ] Non si arrabbiò.
- [ ] Prese Edo per un piede e lo sollevò in aria capovolgendolo.

7. Come si concluse il racconto?

[ ] Leo si svegliò e capì di aver avuto un incubo.

[ ] L'uomo del bosco rapì i tre amici.

[ ] L'uomo del bosco diventò loro amico.

Hai mai avuto un incubo? Racconta...

....

....

....

....

....

....

....

Disegna il tuo incubo peggiore

L'UOMO DEL BOSCO

Aggiungi le parole mancanti alla filastrocca in modo da ottenere delle rime.

L'uomo del bosco è un orco spaventoso

tutti sanno che è ....

se un fischietto sentirai suonare

fai attenzione, sta per ....!

Paralizzati dalla paura

nella grotta ....

i tre amici l'hanno incontrato

ma Edo l'ha..

così l'ha fatto imbestialire

con il rischio di ....

nello stomaco cavernoso

dell'orco ....!

CRUCIVERBA

<table>
<tr><td>1</td><td></td><td></td><td></td><td></td><td></td><td></td><td>T</td><td></td><td></td><td></td></tr>
<tr><td>2</td><td></td><td>L</td><td></td><td></td><td>Z</td><td></td><td></td><td>S</td><td></td><td></td></tr>
<tr><td>3</td><td></td><td>N</td><td></td><td>C</td><td>C</td><td></td><td></td><td>S</td><td></td><td></td></tr>
<tr><td>4</td><td>D</td><td></td><td></td><td></td><td>O</td><td></td><td></td><td></td><td></td><td></td></tr>
<tr><td>5</td><td></td><td>G</td><td></td><td></td><td></td><td>S</td><td></td><td></td><td>E</td><td></td></tr>
<tr><td>6</td><td></td><td>L</td><td></td><td></td><td>T</td><td></td><td></td><td></td><td></td><td></td></tr>
<tr><td>7</td><td>R</td><td></td><td>T</td><td></td><td></td><td></td><td></td><td></td><td></td><td></td></tr>
<tr><td>8</td><td></td><td></td><td>V</td><td></td><td>L</td><td></td><td>S</td><td></td><td></td><td></td></tr>
</table>

DEFINIZIONI

1. Quando suona ripetutamente indica l'arrivo dell'uomo del bosco.

2. Lo è il bosco.

3. L'espressione dell'uomo del bosco.

4. Affronta l'uomo del bosco.

5. Lo sono le scarpe dell'uomo del bosco.

6. I tre amici inizialmente erano diretti alla casa dei...

7. Vi entrano i tre amici per scappare dall'uomo del bosco.

8. Lo è il terreno.

Disegna la parte del racconto che ti è piaciuta maggiormente.

L'UOMO DEL BOSCO

I tre amici sono terrorizzati perché si sono trovati faccia a faccia con l'uomo del bosco, sono impietriti, paralizzati.

Il terrore è un'emozione negativa, una fortissima paura. Quando si prova terrore i muscoli sono paralizzati, a volte si blocca il respiro, non ci si sente tranquilli e non si riesce a più ragionare.

Leggi e rispondi alle domande scrivendo nelle forme.

Quali sono le cose che ti terrorizzano?

Cosa fai quando sei terrorizzato?

Disegna il tuo terrore più grande.

9 MAGGIO 2013
Lucia

Quello che doveva essere il grande giorno era iniziato male per me, dovevo andare in gita con la mia classe e quella di Giudy. Con Edo ci eravamo già **accordati** da un mese che ci saremmo seduti uno accanto all'altro sul pullman. Avremmo chiacchierato per tutto il tempo e ci saremmo divertiti un sacco! Purtroppo le cose non andarono come **previsto**; quella mattina a casa mia la sveglia non era suonata.

— Sveglia Leo! Alzati è tardi, dobbiamo fare in fretta, devi andare in gita e il pullman sarà già sicuramente arrivato!

Mi svegliai così, **di soprassalto** e mi vestii in fretta, lavandomi velocemente denti e viso, ma non avendo nemmeno il tempo di fare colazione. Mia mamma mi passò il giubbotto di jeans e mi disse di indossarlo velocemente, dopo di che mi mise sulle spalle lo zainetto e prendendomi per mano, mi trascinò **letteralmente** in macchina. Subito dopo estrasse dalla sua borsa una crostatina e me la passò, la presi senza replicare e anziché mangiarla la infilai **prontamente** nello zainetto. In un attimo arrivammo sul piazzale della scuola dove c'erano due pullman carichi di bambini con i loro genitori che li salutavano; una delle tre maestre mi aspettava e mi fece cenno di salire. Salutai in fretta la mamma, andai sul pullman e vidi Edo, mi diressi verso di lui quando la maestra mi fece notare che quel posto era già stato occupato da un altro bambino e **mi invitò** a sedermi vicino a Lucia.

Era alta e piuttosto robusta, sembrava molto più grande di noi; il suo aspetto non era molto curato; portava abiti molto più grandi della sua taglia, indossava una maglietta verde per adulti e un paio di pinocchietti blu leggermente scoloriti. Le sue scarpe erano molto usurate ma si intravedevano ancora delle decorazioni sulla trama del tessuto, i suoi capelli scuri erano arruffati e spesso spettinati. Lucia era molto timida, quando le insegnanti le rivolgevano delle domande rispondeva sempre sottovoce. Durante le ricreazione se ne stava spesso seduta al suo banco e ci osservava con quei suoi occhioni verdi e trasparenti **perennemente** attenti a tutto. Diversamente da noi, non aveva frequentato la scuola dell'infanzia ed era forse questo uno dei più svariati motivi per cui si teneva sempre in disparte. La sua famiglia era numerosa, aveva ben quattro fratellini più piccoli di lei che doveva **accudire** e per questo dopo la scuola non usciva mai di casa. Non avevo mai pensato di invitarla a giocare con me, mi sembrava normale che lei se ne stesse lì, seduta al suo banco tranquilla, senza interagire con noi. Non sapevo quanto ciò la facesse stare male, fino a quel giorno quando mi si presentò l'occasione di conoscerla un po' meglio.

Mi accomodai accanto a lei un po' titubante, il pullman era già in moto, l'autista chiuse le porte e partì. Mi sentivo confuso, **disorientato**, non avevo fatto colazione e mi ero lavato velocemente, per ritrovarmi vicino ad una compagna che non avevo mai sentito parlare. Ero così agitato che mi misi a piangere, niente era andato come volevo, mi sentivo solo e in preda allo sconforto.

— Cosa c'è? — Disse Lucia appoggiandomi una mano sulla spalla.

— Volevo sedermi vicino ad Edo… — **Sbofonchiai** io.

— Beh non sei solo, ci sono io a farti compagnia, ho anche dei biscottini molto buoni nel mio zainetto, ne vuoi uno?

Io feci cenno di no col capo.

— Sai, potremmo farci compagnia, io sono spesso sola e, oggi, finalmente ho qualcuno con cui parlare, non mi sembra vero!

Riflettei su quanto aveva appena detto, non avevo mai considerato
cosa potesse provare Lucia, in quel momento ero io a sentirmi solo e lei
mi stava tendendo la mano.

GLOSSARIO:

ACCORDATI: messi d'accordo.
PREVISTO: pensato prima, immaginato.
DI SOPRASSALTO: all'improvviso, brusca-
mente, di scatto.
LETTERALMENTE: proprio.
PRONTAMENTE: subito.
MI INVITÒ: mi chiese di.
PERENNEMENTE: sempre.
ACCUDIRE: avere cura di.
DISORIENTATO: confuso.
SBOFONCHIAI: borbottai, brontolai.

LUCIA

ASCOLTA ATTENTAMENTE LA LETTURA DELL'INSEGNANTE E COLORA LUCIA SEGUENDO LE SUE INDICAZIONI.

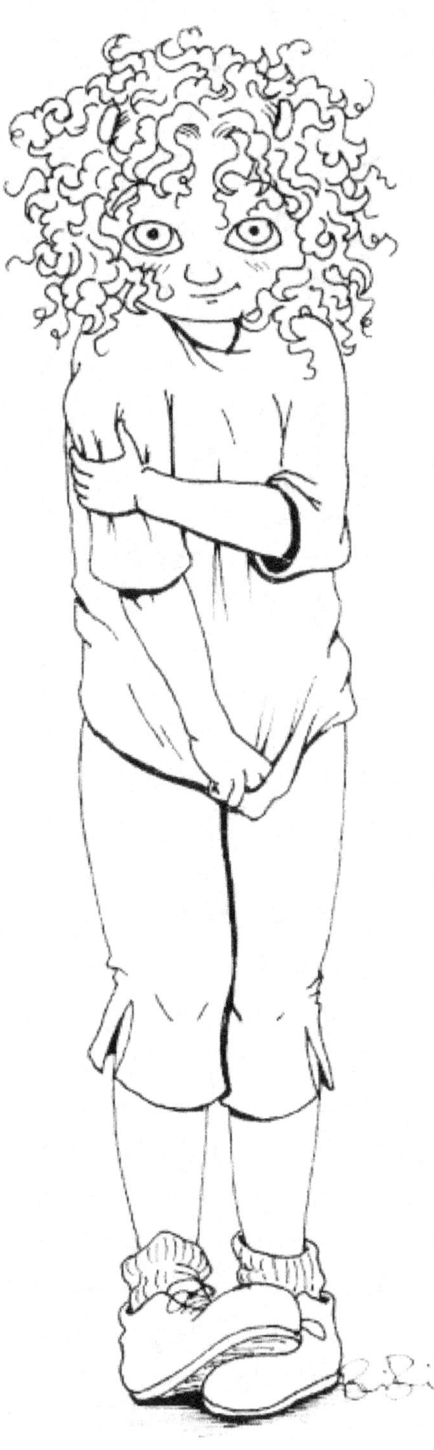

LUCIA

Ascolta attentamente la lettura dell'insegnante e colora Lucia seguendo le sue indicazioni.

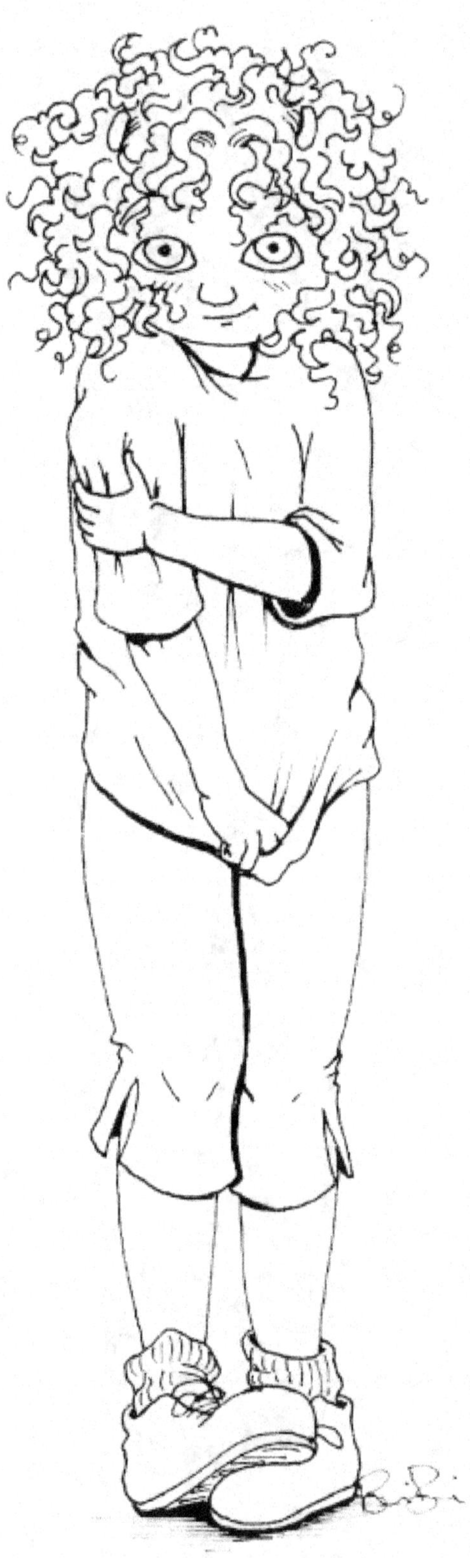

LUCIA

LUCIA È ALTA E ROBUSTA.

I SUOI CAPELLI SONO SPESSO ARRUFFATI E SPETTINATI.

SE LA MAESTRA LE FA DELLE DOMANDE RISPONDE A VOCE BASSA.

DURANTE L'INTERVALLO STA SEMPRE SEDUTA AL SUO BANCO AD OSSERVARE GLI ALTRI.

HA QUATTRO FRATELLINI PIÙ PICCOLI DI LEI.

RISPONDI

1. COM'È LUCIA?

....

2. COME SONO I SUOI CAPELLI?

....

3. COME REAGISCE QUANDO LA MAESTRA LE FA DELLE DOMANDE?

....

4. COSA FA DURANTE L'INTERVALLO?

....

5. QUANTI FRATELLI HA?

....

....

CRUCIPUZZLE

NELLO SCHEMA SONO PRESENTI 10 PAROLE (AGGETTIVI) RIGUARDANTI LUCIA, 5 IN VERTICALE E 5 IN ORIZZONTALE, TROVALE E COLORALE CON TINTE DIVERSE.

ORIZZONTALI

ALTA

ROBUSTA

TIMIDA

INTROVERSA

SILENZIOSA

VERTICALI

INSICURA

CHIUSA

BUONA

SCHIVA

RISERVATA

I	N	T	R	O	V	E	R	S	A	T	M
G	H	S	P	M	P	U	W	I	O	R	I
I	N	M	E	A	B	R	S	B	I	I	N
C	A	A	R	L	U	T	C	M	I	S	S
A	L	T	A	E	O	A	H	P	C	E	I
T	T	V	I	F	N	A	I	T	H	R	C
T	I	M	I	D	A	O	V	T	I	V	U
I	B	G	O	C	R	O	A	A	U	A	R
R	O	B	U	S	T	A	B	U	S	T	A
S	I	L	E	N	Z	I	O	S	A	A	O
T	E	F	R	I	H	I	M	E	A	H	K

LUCIA

Lucia è alta e robusta.

I suoi capelli sono spesso arruffati e spettinati.

Se la maestra le fa delle domande risponde a voce bassa.

Durante l'intervallo sta sempre seduta al suo banco ad osservare gli altri.

Ha quattro fratellini più piccoli di lei.

RISPONDI

1. Com'è Lucia?

....

2. Come sono i suoi capelli?

....

3. Come reagisce quando la maestra le fa delle domande?

....

4. Cosa fa durante l'intervallo?

....

5. Quanti fratelli ha?

....

CRUCIPUZZLE

Nello schema sono presenti 10 parole (aggettivi) riguardanti Lucia, 5 in verticale e 5 in orizzontale, trovale e colorale con tinte diverse.

ORIZZONTALI	**VERTICALI**
ALTA	INSICURA
ROBUSTA	CHIUSA
TIMIDA	BUONA
INTROVERSA	SCHIVA
SILENZIOSA	RISERVATA

I	N	T	R	O	V	E	R	S	A	L	M
G	H	S	P	M	P	U	W	I	O	R	I
I	N	M	E	A	B	R	S	B	I	I	N
U	A	A	R	L	U	T	C	M	I	S	S
A	L	T	A	E	O	A	H	P	C	E	I
Y	T	V	I	F	N	A	I	T	H	R	C
T	I	M	I	D	A	O	V	T	I	V	U
I	B	G	O	C	R	O	A	A	U	A	R
R	O	B	U	S	T	A	B	U	S	T	A
S	I	L	E	N	Z	I	O	S	A	A	O
T	E	V	R	B	B	M	M	E	A	H	K

LUCIA

Riordina le frasi numerandole da 1 a 5.

LA MAESTRA CHE MI STAVA ASPETTANDO.

DEVI ANDARE IN GITA!"

MI VESTII IN FRETTA

SALIMMO IN MACCHINA

E IN UN ATTIMO ARRIVAMMO

C'ERANO DUE PULLMAN E

LA MAMMA DISSE: "ALZATI LEO È TARDI

SUL PIAZZALE DELLA SCUOLA, DOVE

Riscrivi il testo che hai ottenuto.

CRUCIPUZZLE

Nello schema sono presenti 10 parole (aggettivi) riguardanti Lucia, 5 in verticale e 5 in orizzontale, trovale e colorale con tinte diverse.

I	N	T	R	O	V	E	R	S	A	P	M
G	H	S	P	M	P	U	W	I	O	R	I
I	N	M	E	A	B	R	S	B	I	I	N
C	A	A	R	L	U	T	C	M	I	S	S
A	L	T	A	E	O	A	H	P	C	E	I
T	T	V	I	F	N	A	I	T	H	R	C
T	I	M	I	D	A	O	V	T	I	V	U
I	B	G	O	C	R	O	A	A	U	A	R
R	O	B	U	S	T	A	B	U	S	T	A
S	I	L	E	N	Z	I	O	S	A	A	O
T	D	R	B	I	N	I	M	E	A	H	K

LUCIA

Riordina le frasi numerandole da 1 a 5.

	la maestra che mi stava aspettando.
	devi andare in gita!"
	Mi vestii in fretta
	salimmo in macchina
	e in un attimo arrivammo
	c'erano due pullman e
	La mamma disse" Alzati Leo è tardi
	sul piazzale della scuola, dove

Riscrivi il testo che hai ottenuto.

....

....

....

....

....

....

....

....

....

....

....

CRUCIPUZZLE

Nello schema sono presenti 10 parole (aggettivi) riguardanti Lucia, 5 in verticale e 5 in orizzontale, trovale e colorale con tinte diverse.

I	N	T	R	O	V	E	R	S	A	T	M
G	H	S	P	T	P	U	W	I	O	R	I
I	N	M	P	A	B	R	S	B	I	I	N
C	A	A	O	T	U	T	C	M	I	S	S
A	L	T	A	E	O	A	H	P	C	E	I
R	G	V	I	F	N	A	I	T	H	R	C
T	I	M	I	D	A	O	V	T	I	V	U
I	B	G	O	C	R	O	A	A	U	A	R
R	O	B	U	S	T	A	B	U	S	T	A
S	I	L	E	N	Z	I	O	S	A	A	O
R	G	H	Y	I	K	I	J	E	A	H	K

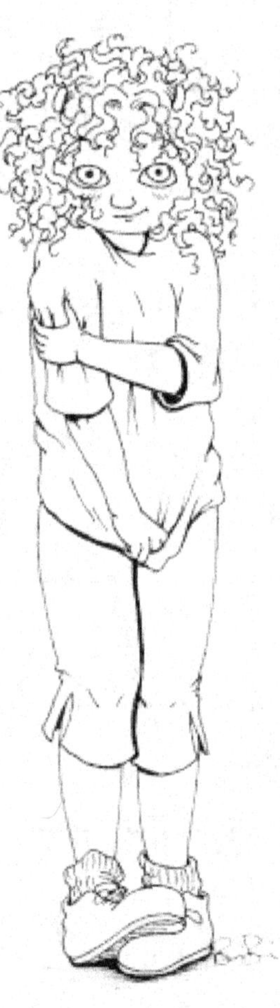

LUCIA

SIAMO DELUSI QUANDO DOBBIAMO AFFRONTARE UNA SITUAZIONE DIVERSA DA QUELLA CHE CI ASPETTAVAMO.

LEO È ARRIVATO IN RITARDO E NON HA POTUTO SEDERSI VICINO AL SUO AMICO EDO SUL PULLMAN, COME AVEVANO PROGETTATO, COSÌ SI METTE A PIANGERE.

A TE È MAI CAPITATO DI TROVARTI IN UNA SITUAZIONE SIMILE?

DISEGNA NEL RIQUADRO UN EPISODIO IN CUI TI SEI SENTITO COME LEO E RACCONTA ALL'INSEGNANTE COS'ERA SUCCESSO.

LUCIA

Siamo delusi quando dobbiamo affrontare una situazione diversa da quella che ci aspettavamo.

Leo è arrivato in ritardo e non ha potuto sedersi vicino al suo amico Edo sul pullman come avevano progettato, così si mette a piangere.

A te è mai capitato di trovarti in una situazione simile?

Disegna nel riquadro un episodio in cui ti sei sentito come Leo e racconta all'insegnante cos'era successo.

LUCIA

Fai una crocetta accanto alla risposta corretta.

1.Com'era Lucia?

☐ Timida e silenziosa.

☐ Socievole ed estroversa.

☐ Esuberante e vivace.

2.Come si comportava durante la ricreazione?

☐ Si inseriva in uno o nell'altro gruppo e chiacchierava con tutti.

☐ Rimaneva al proprio banco senza interagire con gli altri.

☐ Si spostava nei banchi di alcune compagne e chiacchierava con loro.

3.Cosa successe quel giorno a Leo?

☐ Arrivò presto e si sedette vicino ad Edo sul pullman.

☐ Si sedette vicino a Lucia perché Edo non c'era.

☐ Arrivò tardi e dovette sedersi vicino a Lucia.

4.Perché Leo si mise a piangere?

☐ Voleva stare vicino ad Edo.

☐ Gli stava antipatica Lucia.

☐ Non voleva andare in gita.

5.Come si comportò Lucia con Leo?

☐ Lo rassicurò e gli fece compagnia.

☐ Lo fece arrabbiare.

☐ Non gli rivolse la parola.

6.Cosa disse Lucia a Leo?

☐ Che aveva molti amici.

☐ Che aveva solo un'amica del cuore.

☐ Che era felice di essere seduta vicino a lui perché non si sentiva sola.

CRUCIVERBA

	¹R		B			T		
²V		R						
³S				T			T	
⁴S			T				E	
⁵		I		A				
⁶	I				T			
⁷			L		A			
⁸		C				O		

DEFINIZIONI

1. Una caratteristica fisica di Lucia.

2. Il colore della sua maglietta.

3. Lo sono i suoi capelli.

4. Il suo modo di rispondere alle maestre.

5. Lo è Leo quando deve sedersi vicino a Lucia.

6. Li offre Lucia a Leo.

7. Rischia di perderlo Leo a causa del ritardo.

8. Lo è il posto in cui voleva sedersi Leo.

LUCIA

I SINONIMI

Segna con una x il significato corretto di ogni parola.

CURATO:	ordinato		guardato	
ROBUSTA:	magra		formosa	
USURATE:	nuove		rovinate	
TITUBANTE:	incerto		deciso	
PERENNEMENTE:	mai		sempre	
SVARIATI:	tanti		pochi	
ACCUDIRE:	incolpare		badare	
PRONTAMENTE:	subito		lentamente	
ARRUFFATI:	in ordine		spettinati, in disordine	

I CONTRARI

Nel crucipuzzle troverai i contrari delle undici parole evidenziate nella descrizione e riscritte qui sotto in ordine, colorali con tonalità diverse.

LE 11 PAROLE IN ORDINE

ALTA - ROBUSTA – GRANDE – SCOLORITI – USURATE – ARRUFFATI

CURATO - SPETTINATI – ATTENTI – SCURI - PICCOLI

Colora le varie parole con tonalità diverse tra loro.

R	G	G	R	A	N	D	I	S	H
H	G	K	U	A	M	A	G	R	A
P	I	C	C	O	L	A	E	R	C
T	R	A	S	C	U	R	A	T	O
S	G	A	R	G	I	A	N	T	I
T	N	U	O	V	E	U	N	B	O
E	C	H	I	A	R	I	T	E	H
N	O	R	D	I	N	A	T	I	M
P	E	T	T	I	N	A	T	I	M
D	I	S	A	T	T	E	N	T	I
S	R	M	B	A	S	S	A	I	M

LUCIA

Siamo delusi quando dobbiamo affrontare una situazione diversa da quella che ci aspettavamo.

Leo è arrivato in ritardo e non ha potuto sedersi vicino ad Edo sul pullman, come avevano progettato, così si mette a piangere.

A te è mai capitato di provare delusione?

....

Quando è successo?

....

....

Dove è successo?

....

....

Che cosa è successo?

....

....

Come hai reagito?

....

....

Come ti sei sentito?

....

....

10 MAGGIO 2013
La gita

Ornella era una di quelle maestre che tutti desidererebbero avere: simpatica, gentile, paziente e premurosa con tutti, ma quando era necessario sapeva essere severa. Aveva una vera passione per i cappellini colorati; ogni giorno ne metteva uno diverso, per l'occasione ne scelse uno giallo, avente la tesa bloccata alla cupola da un fiore arancione tipo primula, portava una maglietta verde prato con scollatura ovale che metteva in risalto il suo girocollo in perle di ambra e una gonna a tulipano blu elettrico. Le piaceva raccontarci storie fantastiche che inventava sul momento. Spesso durante l'intervallo si metteva a giocare con noi a carte e quando perdeva fingeva di arrabbiarsi. Insomma una strana ma simpatica maestra.

Come sempre, la maestra Ornella si **prodigò** durante l'arco di tutta la giornata per farci divertire. Sul pullman ad un certo punto impugnò il microfono e cominciò a raccontare barzellette facendo ridere tutti a **crepapelle**. Poi intonò dei canti e infine ci propinò una serie di indovinelli. Le due ore del viaggio passarono in un lampo e così arrivammo a destinazione. La maestra Ornella ci disse di scendere da pullman e di metterci in fila dando la mano al compagno che era seduto accanto a noi. Io e Lucia eravamo ancora vicini, camminammo per un quarto d'ora poi entrammo nel museo. L'insegnante ci aveva anticipato che avremmo visto una mostra sui quadri di Vincent Van Gogh e poi ci saremmo fermati al parco, dove avremmo pranzato e giocato per tutto il resto della giornata.

— Non vedo l'ora di andare al parco, così potremo giocare, questa mostra sarà noiosissima. — Dissi a Lucia.

— Magari no, a me piace molto disegnare e dopo dovremo riprodurre un quadro come ci ha spiegato la maestra... —

— Certo per te non è un problema disegnare, ma io sono proprio negato...

La guida ci portò in una sala in cui erano esposti molti quadri e iniziò a descriverli minuziosamente. Lucia osservava e ascoltava attentamente mentre io mi annoiavo, finché non vidi un quadro che attirò la mia attenzione, a quel punto iniziai ad ascoltare ciò che la guida stava dicendo.

— Il quadro si chiama "Notte stellata" è stato realizzato nel 1889 e l'originale è attualmente conservato al Museum of Modern Art di New York. In basso a sinistra, in primo piano, potete vedere un cipresso accanto ad un piccolo paesaggio di campagna che sembra dormire sotto le stelle. Come vedete c'è anche una chiesa con il campanile... osservate bene i particolari bambini, perché dovrete riprodurlo in laboratorio. — Disse la guida.

Alla fine della visita entrammo in una grande sala con tanti tavoli rotondi dove, dopo aver preso posto, ci consegnarono un foglio bianco sul quale iniziammo a riprodurre il dipinto seguendo le indicazioni. Fu davvero divertente e realizzammo tutti dei bellissimi lavori, compreso me.

Verso mezzogiorno tornammo sul pullman e andammo a pranzare al parco. Io e Lucia stendemmo i nostri teli sull'erba e subito si avvicinò a noi Edo, seguito da Giudy. Il resto della giornata lo trascorremmo giocando per tutto il tempo, poi arrivò il momento di tornare a casa; salimmo sul pullman, io e Lucia ci sedemmo ancora uno accanto all'altra.

— Che bella giornata! — Le dissi.

— Davvero molto divertente ed istruttiva e poi ci siamo conosciuti meglio...

— È vero! Sai... ti credevo diversa, pensavo fosse una tua scelta quella di rimanere da sola.

— Nooo! Per niente, a nessuno piace stare in disparte, anzi, a molti **ferisce l'animo**.

— Mi dispiace... — Le dissi, non riuscendo ad aggiungere altro.

Lucia con gli occhi un po' lucidi mi rispose di non preoccuparmi, aggiungendo che ormai si era abituata a quella condizione, ma non alle battute cattive di chi ogni tanto la offendeva, questo davvero la faceva sentire tanto diversa dagli altri. Le sue parole mi toccarono, mi commossero e mi fecero comprendere che il mettere in disparte gli altri può far male a chi si sente escluso. Io e Lucia diventammo amici e quel giorno mi rimase impresso nella memoria.

GLOSSARIO:

PRODIGÒ: fece il possibile per.
CREPAPELLE: moltissimo, a più non posso.
FERISCE L'ANIMO: fa star male.

MAESTRA ORNELLA

ASCOLTA ATTENTAMENTE LA LETTURA DELL'INSEGNANTE E COLORA

MAESTRA ORNELLA SEGUENDO LE SUE INDICAZIONI.

MAESTRA ORNELLA

Ascolta attentamente la lettura dell'insegnante e colora Maestra Ornella seguendo le sue indicazioni.

MAESTRA ORNELLA

ORNELLA È PAZIENTE E PREMUROSA MA ANCHE SEVERA.

DURANTE L'INTERVALLO GIOCA A CARTE CON I SUOI ALUNNI.

AMA COLLEZIONARE CAPPELLINI COLORATI.

LE PIACE INVENTARE STORIE FANTASTICHE.

SUL PULLMAN RACCONTA LE BARZELLETTE E FA GLI INDOVINELLI.

RISPONDI

1. COM'È LA MAESTRA ORNELLA?

....

....

2. COSA FA DURANTE L'INTERVALLO?

....

....

3. COSA AMA COLLEZIONARE?

....

....

4. COSA LE PIACE INVENTARE?

....

....

5. COSA FA SUL PULLMAN DURANTE LA GITA?

....

....

CRUCIPUZZLE

NELLO SCHEMA SONO PRESENTI 5 PAROLE (AGGETTIVI) RIGUARDANTI MAESTRA

ORNELLA IN ORIZZONTALE E 5 CONTRARI IN VERTICALE.

TROVA LE 10 PAROLE E COLORALE CON TINTE DIVERSE.

ORIZZONTALI

SEVERA

GENTILE

PAZIENTE

PREMUROSA

SIMPATICA

VERTICALI

ANTIPATICA

SGARBATA

IMPAZIENTE

MITE

FREDDA

A	N	G	E	N	T	I	L	E	A	T	I
N	S	I	M	P	A	T	I	C	A	R	M
T	G	M	S	E	V	E	R	A	I	L	P
I	A	A	P	R	E	M	U	R	O	S	A
P	R	F	Y	E	N	H	I	L	L	E	Z
A	B	R	I	F	N	A	I	T	H	L	I
T	A	E	M	S	E	V	E	M	A	L	E
I	T	D	I	C	R	O	A	I	U	A	N
C	A	D	T	S	T	A	B	T	S	I	T
A	I	A	E	P	A	Z	I	E	N	T	E

MAESTRA ORNELLA

Ornella è paziente e premurosa ma anche severa.

Durante l'intervallo gioca a carte con i suoi alunni.

Ama collezionare cappellini colorati.

Le piace inventare storie fantastiche.

Durante la gita, sul pullman, racconta le barzellette

e fa gli indovinelli.

RISPONDI

1. Com'è la maestra Ornella?

....

....

2. Cosa fa durante l'intervallo?

....

....

3. Cosa ama collezionare?

....

....

4. Cosa le piace inventare?

....

....

5. Cosa fa durante la gita?

....

....

CRUCIPUZZLE

Nello schema sono presenti 5 parole (aggettivi) riguardanti maestra Ornella in orizzontale e 5 contrari in verticale. Trova tutte le parole e colorale con tinte diverse.

ORIZZONTALI

SEVERA

GENTILE

PAZIENTE

PREMUROSA

SIMPATICA

VERTICALI

ANTIPATICA

SGARBATA

IMPAZIENTE

MITE

FREDDA

A	N	G	E	N	T	I	L	E	A	T	I
N	S	I	M	P	A	T	I	C	A	R	M
T	G	M	S	E	V	E	R	A	I	L	P
I	A	A	P	R	E	M	U	R	O	S	A
P	R	F	Y	E	N	H	I	L	L	E	Z
A	B	R	I	F	N	A	I	T	H	L	I
T	A	E	M	S	E	V	E	M	A	L	E
I	T	D	I	C	R	O	A	I	U	A	N
C	A	D	T	S	T	A	B	T	S	I	T
A	I	A	E	P	A	Z	I	E	N	T	E

Ora trasforma in stampato minuscolo le parole del crucipuzzle.

....

....

....

....

LA GITA

LEGGI ATTENTAMENTE LE FRASI CONTENUTE NEI RETTANGOLI E RIORDINA I DIVERSI MOMENTI DELLA STORIA NUMERANDOLI DA 1 A 6.

A FINE GIORNATA SALGONO NUOVAMENTE SUL PULLMAN

TUTTI I PARTECIPANTI DEVONO RIPRODURLO

LUCIA SI CONFIDA CON LEO E DIVENTANO AMICI

A MEZZOGIORNO PRANZANO IN UN PARCO

LEO E LUCIA INSIEME A TUTTI GLI ALTRI ENTRANO IN UN MUSEO

LA GUIDA MOSTRA LORO UN QUADRO FAMOSO

CRUCIPUZZLE

NELLO SCHEMA SONO PRESENTI 5 PAROLE (AGGETTIVI) RIGUARDANTI MAESTRA

ORNELLA IN ORIZZONTALE E 5 CONTRARI IN VERTICALE. TROVA LE 10 PAROLE E

COLORALE CON TINTE DIVERSE.

A	N	G	E	N	T	I	L	E	A	T	I
N	S	I	M	P	A	T	I	C	A	R	M
T	G	M	S	E	V	E	R	A	I	L	P
I	A	A	P	R	E	M	U	R	O	S	A
P	R	F	Y	E	N	H	I	L	L	E	Z
A	B	R	I	F	N	A	I	T	H	L	I
T	A	E	M	S	E	V	E	M	A	L	E
I	T	D	I	C	R	O	A	I	U	A	N
C	A	D	T	S	T	A	B	T	S	I	T
A	I	A	E	P	A	Z	I	E	N	T	E

ED ORA DISEGNA NEL RETTANGOLO IL PERSONAGGIO PREFERITO DI QUESTO
CAPITOLO.

LA GITA

Leggi attentamente le frasi contenute nei rettangoli e riordina i diversi momenti della storia numerandoli da 1 a 6.

a fine giornata salgono nuovamente sul pullman	tutti i partecipanti devono riprodurlo

Lucia si confida con Leo e diventano amici	a mezzogiorno pranzano in un parco

Leo e Lucia insieme agli altri entrano in un museo	la guida mostra loro un quadro famoso

CRUCIPUZZLE

Nello schema sono presenti 5 parole (aggettivi) riguardanti maestra Ornella in orizzontale e 5 contrari in verticale. Trova le 10 parole e colorale con tinte diverse.

A	N	G	E	N	T	I	L	E	A	T	I
N	S	I	M	P	A	T	I	C	A	R	M
T	G	M	S	E	V	E	R	A	I	L	P
I	A	A	P	R	E	M	U	R	O	S	A
P	R	F	Y	E	N	H	I	L	L	E	Z
A	B	R	I	F	N	A	I	T	H	L	I
T	A	E	M	S	E	V	E	M	A	L	E
I	T	D	I	C	R	O	A	I	U	A	N
C	A	D	T	S	T	A	B	T	S	I	T
A	I	A	E	P	A	Z	I	E	N	T	E

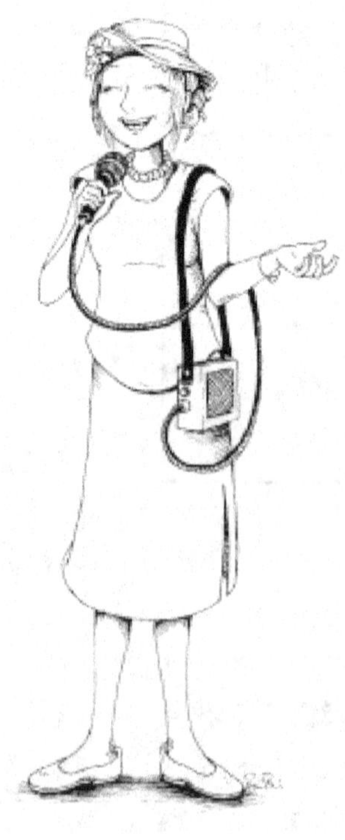

LA GITA

SIAMO COMMOSSI QUANDO CI VIENE DA
PIANGERE SENTENDO I RACCONTI ALLEGRI
O TRISTI DEGLI ALTRI.
LEO SI COMMUOVE QUANDO LUCIA GLI
DICE CHE SI SENTE TRISTE SE I COMPAGNI
DI CLASSE LA ESCLUDONO E LA
PRENDONO IN GIRO.

RICORDI UN MOMENTO IN CUI TI SEI SENTITO MOLTO TRISTE O
COMMOSSO? DISEGNALO NEL RIQUADRO SOTTOSTANTE.

E TU TI SEI MAI COMMOSSO? IN QUALE OCCASIONE? PERCHÉ?

....

....

....

....

TI SEI MAI SENTITO TRISTE? IN QUALE OCCASIONE? PERCHÉ?

....

....

....

....

COS'È PER TE LA TRISTEZZA? DISEGNALA NEL RIQUADRO SOTTOSTANTE.

LA GITA

Siamo commossi quando ci viene da piangere sentendo i

racconti allegri o tristi degli altri.

Leo si commuove quando Lucia gli dice che si sente triste se i

compagni di classe la escludono e la prendono in giro.

Ricordi un momento in cui ti sei sentito molto triste o commosso?

Disegnalo nel riquadro sottostante.

E tu ti sei mai commosso? In quale occasione? Perché?

....

....

....

....

Ti sei mai sentito triste? In quale occasione? Perché?

....

....

....

....

Cos'è per te la tristezza? Disegnala nel riquadro sottostante.

LA GITA

Fai una crocetta accanto alla risposta corretta.

1.Dove andarono i bambini dopo essere scesi dal pullman?

☐ In un parco giochi.

☐ In un teatro.

☐ In un museo.

2.A chi era dedicata la mostra?

☐ A Pablo Picasso.

☐ A Vincent Van Gogh.

☐ A Leonardo da Vinci.

3.Quale dipinto colpì particolarmente Leo e Lucia?

☐ I girasoli.

☐ La Gioconda.

☐ La Notte stellata.

4.Cosa dipinse Van Gogh?

☐ Un paesino di campagna sotto le stelle.

☐ Una grande città nella notte stellata.

☐ Un paesino di montagna sotto le stelle.

5. Dove pranzarono?

☐ In un ristorante.

☐ In una pizzeria.

☐ Al parco.

6.Come si concluse la giornata?

☐ Leo e Lucia bisticciarono.

☐ Leo e Lucia diventarono amici.

☐ Lucia chiese a Leo di diventare suo amico ma lui rifiutò.

CRUCIVERBA

<table>
<tr><td>¹ B</td><td></td><td></td><td></td><td></td><td>L</td><td></td><td></td><td></td><td>T</td><td>E</td></tr>
<tr><td>² P</td><td>R</td><td></td><td></td><td>R</td><td></td><td>S</td><td></td><td></td><td></td><td></td></tr>
<tr><td>² C</td><td></td><td>L</td><td></td><td></td><td>T</td><td></td><td></td><td></td><td></td><td></td></tr>
<tr><td>² Q</td><td></td><td>A</td><td>R</td><td></td><td></td><td></td><td></td><td></td><td></td><td></td></tr>
<tr><td>⁵ C</td><td></td><td></td><td>R</td><td></td><td></td><td>O</td><td></td><td></td><td></td><td></td></tr>
<tr><td>⁶</td><td>A</td><td></td><td>C</td><td></td><td></td><td></td><td></td><td></td><td></td><td></td></tr>
<tr><td>⁷</td><td>I</td><td>O</td><td></td><td>R</td><td></td><td></td><td></td><td></td><td></td><td></td></tr>
<tr><td>⁸ C</td><td></td><td>M</td><td></td><td>O</td><td>Z</td><td></td><td></td><td></td><td>N</td><td>E</td></tr>
</table>

DEFINIZIONI

1. Le racconta maestra Ornella durante il viaggio.

2. Lo è maestra Ornella.

3. Lo sono i suoi cappellini.

4. Li descrive la guida.

5. Nel quadro "Notte stellata," si trova in primo piano.

6. Il luogo in cui pranzano.

7. Ciò che fanno Leo e Lucia con Edo e Giudy al parco dopo aver pranzato.

8. L'emozione che prova Leo quando Lucia gli dice che non è stata una scelta quella di rimanere da sola .

LA GITA

La maestra Ornella durante le gita fa degli indovinelli ai bambini.

E tu come te la cavi con gli indovinelli? Ti piacciono?

Qui di seguito ne troverai alcuni, leggili, scrivi la risposta e con ogni parola ottenuta forma una frase.

INDOVINELLI

1. È tuo ma gli altri lo usano spesso
   senza chiederti il permesso.   ....

   ....

2. Sono piccola e volante
   ho un suono un po' ronzante.   ....

   ....

3. Ho i raggi ma non splendo
   e se mi buco devi stare attento.   ....

   ....

4. Mi trovi in un luogo desolato
   e se parli me ne sono già andato.   ....

   ....

SOLUZIONI

1: NOME - 2: MOSCA - 3: RUOTA - 4: ECO

CRUCIVERBA

DEFINIZIONI

1. Le racconta maestra Ornella durante il viaggio.

2. Lo è maestra Ornella.

3. Lo sono i suoi cappellini.

4. Li descrive la guida.

5. Nel quadro "Notte stellata," si trova in primo piano.

6. Il luogo in cui pranzano.

7. Ciò che fanno Leo e Lucia con Edo e Giudy al parco dopo aver pranzato.

8. L'emozione che prova Leo quando Lucia gli dice che non è stata una scelta quella di rimanere da sola .

LEGGI ATTENTAMENTE.

LA GITA

Leo si commuove quando Lucia gli dice che si sente triste se i compagni di classe la escludono e la prendono in giro.

Siamo commossi quando ci viene da piangere sentendo i racconti allegri o tristi degli altri.

In quali altri occasioni ci si può commuovere secondo te?

....

....

....

Ti sei mai commosso?

Quando? In che occasione?

....

....

....

Ti è mai capitato di vedere i tuoi genitori commossi?

Quando? In che occasione?

....

....

....

LA GITA

Ti sei mai sentito triste come Lucia perché ti avevano escluso? Racconta.

....
....
....
....
....
....
....
....
....
....
....
....
....
....
....

IDEA

E tu hai dei compagni che stanno sempre in disparte? Se la risposta è sì potresti organizzare il seguente gioco:

1. Ogni alunno della tua classe a turno va alla LIM e scrive il proprio nome.

2. I compagni scrivono su un bigliettino una o più qualità che lo contraddistinguono e lo ripongono in una scatola.

3. Infine si leggono le qualità di ognuno a voce alta.

I biglietti d'invito

— Leo hai preso i bigliettini d'invito per il tuo compleanno?

— Sì mamma, li ho appena messi nello zaino.

— Sicuro che non vuoi invitare tutti? Non mi sembra bello che non inviti gli altri compagni.

— Sì, sono sicuro!

— Perché non vuoi invitarli tutti?

— Mi rendo conto che non è una cosa bella ma con alcuni compagni non sono riuscito a instaurare un rapporto di amicizia e anche altri miei amici non hanno legato con quelli che non ho invitato. Temo che la loro presenza possa creare dei gruppi separati , ciò porterebbe discussioni in una festa dove ci si deve divertire e io non desidero veder litigare i miei compagni di classe.

— Sono d'accordo con te ma almeno ricordati di distribuirli fuori dalla scuola, come indicato dalla maestra, altrimenti qualcuno potrebbe offendersi.

— Certo mamma, non ti preoccupare.

Salutai mia madre e mi avviai alla fermata dell'autobus, arrivato sul piazzale della scuola iniziai a distribuire i biglietti ai miei compagni mano a mano che arrivavano. Al suono della prima campana mi era rimasti solo due inviti, quello di Andrea e Lucia.

— Entriamo Leo? — Disse Edo.

— No io aspetto Lucia, tu entra pure.

— Lucia? Inviti anche lei? Sei sicuro? Lei non ha legato con nessuno in classe, se ne sta spesso sola al suo banco...

— Certo! Vedrai che si divertirà e sarà felice che io l'abbia invitata, siamo diventati amici!

— Bene sono contento... io entro, a dopo.

— Ciao, a dopo.

Mentre aspettavo Lucia arrivò anche Andrea, un mio ex compagno della scuola dell'infanzia. Era un bambino di media statura e con gambe muscolose dovute all'attività sportiva che praticava: il calcio. Spesso portava la maglietta della sua squadra del cuore e pantaloncini neri da calcio perché, a suo dire, li trovava molto più comodi e lo facevano correre veloce come un fulmine. I suoi capelli erano biondo paglia con il taglio a scodella; gli occhi erano grandi, grigi, vispi e lo sguardo aperto e sorridente. Andrea era molto spiritoso e sempre pronto a coinvolgere gli altri nei giochi di gruppo che spesso inventava, per questo mi era molto simpatico.

— Grazie Leo per volermi alla festa del tuo compleanno, non entri in classe?

— Non ancora Andrea, aspetto Lucia; voglio invitare anche lei.

— Bello! Così avrà la possibilità di fare amicizia anche con altri compagni di classe, facendosi conoscere meglio al di fuori della scuola.

Mentre salutavo Andrea vidi arrivare Lucia tutta trafelata.

— Ciao Lucia.

— Ciao Leo, che ci fai qui?

— Ti stavo aspettando!

— Stavi aspettando me? Per quale motivo?

— Sì, volevo darti questo.

— Cos'è? Un invito per il tuo compleanno? Non sarà uno scherzo?

— Uno scherzo? Non farei mai uno scherzo del genere...

— Quindi è tutto vero? Hai

pensato anche a me!?

— Certo mi farebbe davvero piacere...

— Grazie veramente Leo! Non sai quanto tu mi abbia reso felice oggi.

— Beh siamo amici ormai!

— Certo!

— Sai? Ci sarà anche una caccia al tesoro durante la festa.

— Che bello!

— Sì, ci divideremo a squadre.

— Non vedo l'ora!

Mentre parlavamo entrammo a scuola e la maestra ci disse di sbrigarci che la campana era già suonata.

ANDREA

ASCOLTA ATTENTAMENTE LA LETTURA DELL'INSEGNANTE E COLORA ANDREA SEGUENDO LE SUE INDICAZIONI.

ANDREA

Ascolta attentamente la lettura dell'insegnante e colora Andrea seguendo le sue indicazioni.

ANDREA

È UN BAMBINO DI MEDIA STATURA, CON GAMBE MUSCOLOSE E PRATICA IL CALCIO.

I SUOI CAPELLI SONO BIONDI CON IL TAGLIO A SCODELLA.

GLI OCCHI SONO GRANDI, GRIGI, VISPI. LO SGUARDO È APERTO E SORRIDENTE.

ANDREA È MOLTO SPIRITOSO E SEMPRE PRONTO A COINVOLGERE GLI ALTRI.

RISPONDI

1. COM'È ANDREA?

....

2. CHE SPORT PRATICA?

....

 3. COME SONO I SUOI CAPELLI ?

....

4. COME SONO I SUOI OCCHI?

....

5. COM'È IL SUO CARATTERE?

....

....

INDOVINELLI

1 Lo sono le gambe di Andrea.

	U	S	C		L		S	

2 Lo sport praticato da Andrea.

		L	C		

3 Li indossa Andrea, sono da calcio e di color nero.

	N		L	N	C	N	

4 Il taglio dei capelli di Andrea.

	C		D		L	L	

5 Lo è Andrea.

	P		R				S	

6 Li inventa Andrea.

G			C	H	

7 Lo sono gli occhi di Andrea.

	R			D	

ANDREA

È un bambino di media statura, le sue gambe sono muscolose e pratica il calcio.

I suoi capelli sono biondi con il taglio a scodella.

Gli occhi sono grandi, grigi, vispi e lo sguardo è aperto e sorridente.

Andrea è molto spiritoso e sempre pronto a coinvolgere gli altri.

RISPONDI

1. Com'è Andrea?

....

2. Che sport pratica?

....

3. Come sono i suoi capelli?

....

4. Come sono i suoi occhi?

....

5. Com'è il suo carattere?

....

....

INDOVINELLI

1 Lo sono le gambe di Andrea.

| | U | S | C | | L | | S | |

2 Lo sport praticato da Andrea.

| | | L | C | | |

3 Li indossa Andrea, sono da calcio e di color nero.

| | N | | L | N | C | | N | |

4 Il taglio dei capelli di Andrea.

| | C | | D | | L | L | |

5 Lo è Andrea.

| | P | | R | | | | S | |

6 Li inventa Andrea.

| G | | | | C | H | |

7 Lo sono gli occhi di Andrea.

| | R | | | | D | |

I BIGLIETTI D'INVITO

LEO DISTRIBUISCE I BIGLIETTI D'INVITO PER IL SUO COMPLEANNO AI COMPAGNI DI CLASSE FUORI DALLA SCUOLA.
NON HA INVITATO TUTTI PERCHÉ TEME CHE POSSANO ESSERCI DEI LITIGI TRA CHI NON VA D'ACCORDO.
QUANDO LUCIA RICEVE L'INVITO LO RINGRAZIA MOSTRANDOSI SORPRESA E MOLTO FELICE.
LEO DICE A LUCIA CHE FARANNO LA CACCIA AL TESORO, LEI RISPONDE CHE NON VEDE L'ORA DI ANDARCI.

RISPONDI

1. COSA DISTRIBUISCE LEO? DOVE?

....

....

2. PERCHÉ LEO NON INVITA TUTTI AL SUO COMPLEANNO?

....

....

3. COME REAGISCE LUCIA QUANDO RICEVE L'INVITO?

....

....

4. COSA DICE LEO A LUCIA?

....

....

5. COSA RISPONDE LUCIA?

....

....

PAROLE IN DISORDINE

RIORDINA LE PAROLE E COMPONI LE FRASI.

COMPLEANNO   LEO   IL

SUO   FESTEGGIA

....

....

....

INVITA   NON   LEO   I

TUTTI   COMPAGNI   SUOI

....

....

....

COMPLEANNO   LEO   AL

SUO   INVITA   LUCIA

....

....

....

I BIGLIETTI D'INVITO

Leo distribuisce i biglietti d'invito per il suo compleanno ai compagni di classe fuori dalla scuola.
Non ha invitato tutti perché teme che possano esserci dei litigi tra chi non va d'accordo.
Quando Lucia riceve l'invito ringrazia Leo mostrandosi sorpresa e molto felice.
Leo le dice che faranno la caccia al tesoro, lei risponde che non vede l'ora di andarci.

RISPONDI

1. Cosa distribuisce Leo? Dove?

....

....

2. Perché Leo non invita tutti al suo compleanno?

....

....

3. Come reagisce Lucia quando riceve l'invito?

....

....

4. Cosa dice Leo a Lucia?

....

....

5. Cosa risponde Lucia?

....

....

PAROLE IN DISORDINE

Riordina le parole e componi le frasi.

> compleanno   Leo   il
>
> suo   festeggia

....

....

....

> invita   non   Leo   i
>
> tutti   compagni   suoi

....

....

....

> compleanno   Leo   al
>
> suo   invita   Lucia

....

....

....

I BIGLIETTI D'INVITO

LEGGI ATTENTAMENTE.

PROVIAMO SORPRESA QUANDO NON CI ASPETTIAMO UNA COSA, COME NEL CASO DI LUCIA CHE NON SI ASPETTA DI ESSERE INVITATA ALLA FESTA DI COMPLEANNO DI LEO.

E TU SEI MAI STATO SORPRESO? QUALE COLORE ASSOCI ALLA SORPRESA?

....

DIPINGI LA NUVOLETTA CON IL COLORE CHE HAI ABBINATO ALLA SORPRESA.

I BIGLIETTI D'INVITO

Leggi attentamente.

Proviamo sorpresa quando non ci aspettiamo una cosa, come nel caso di Lucia che non si aspetta di essere invitata alla festa di compleanno di Leo.

E tu sei mai stato sorpreso? Quale colore associ alla sorpresa?

....

Dipingi la nuvoletta con il colore che hai abbinato alla sorpresa.

I BIGLIETTI D'INVITO

Fai una crocetta accanto alla risposta corretta.

1.Cosa disse la mamma a Leo?

☐ Di distribuire i biglietti d'invito fuori dalla scuola.

☐ Di distribuire i biglietti d'invito in classe.

☐ Di distribuire i biglietti d'invito in corridoio.

2.Perché?

☐ Perché aveva invitato tutti.

☐ Perché non tutti erano stati invitati.

☐ Per avere la certezza di distribuirli a tutti.

3.Perché Leo non voleva invitare tutti?

☐ Perché la casa era piccola.

☐ Perché non sarebbero venuti comunque.

☐ Per evitare eventuali litigi.

4.Perché Leo si fermò fuori dalla scuola dopo che Andrea era entrato?

☐ Per consegnare a Lucia il suo invito.

☐ Per consegnare a Giudy il suo invito.

☐ Per consegnare a Edo il suo invito.

5.Perché secondo te Lucia pensò che Leo le stesse facendo uno scherzo?

☐ Perché Leo faceva spesso scherzi di questo tipo.

☐ Perché di solito non veniva invitata ai compleanni.

☐ Perché il biglietto d'invito era scritto a mano.

6. Secondo te ha fatto bene Leo a non invitare tutti? Perché? Tu cosa avresti fatto al suo posto?

....

7. A te è mai successo di non essere stato invitato ad una festa di compleanno? Come ti sei sentito? Racconta.

ANDREA

Leggi attentamente.

Leo ha aperto la finestra e il vento ha mescolato i cartellini contenenti una parte della descrizione di Andrea, uno degli amici invitati al suo compleanno. Collega i cartellini e poi trascrivi la descrizione.

Andrea è	la maglietta della sua squadra del cuore e pantaloncini neri da calcio
È molto	un bambino di media statura
Spesso indossa	muscolose a causa dell'attività sportiva che pratica: il calcio.
Le sue gambe sono	spiritoso e sempre pronto a coinvolgere gli altri nei giochi di gruppo che inventa.
I suoi capelli	sono biondo paglia con il taglio a scodella.
Gli occhi	sono grandi, grigi e vispi.

Trascrivi la descrizione

I BIGLIETTI D'INVITO

Siamo sorpresi quando ci capita qualcosa di inaspettato che ci stupisce, come nel caso di Lucia che quasi non crede che l'invito sia per lei e mostra tanta gratitudine a Leo.

Immagina di essere sorpreso da qualcuno come è successo a Lucia. Cosa vorresti che succedesse?

....

....

....

Prova a pensare ai tuoi compagni di classe. Ce n'è uno che rimane spesso in disparte e non viene mai invitato a casa degli altri o alle feste di compleanno? Cosa potresti fare per sorprenderlo?

....

....

....

....

....

21 MAGGIO 2014
La festa di compleanno

Era finalmente domenica, il giorno del mio compleanno, mi sentivo felice ed ansioso, con la mamma stavamo ultimando gli ultimi preparativi prima dell'arrivo degli invitati; in tutto sarebbero stati otto.

La sala era addobbata con tanti palloncini colorati appesi alle pareti e un grande striscione di cartone con la scritta "Buon compleanno". In mezzo alla stanza c'era una lunga tavolata apparecchiata con piatti e bicchieri di plastica; al centro della tavola c'erano tante coppette di vari colori contenenti salatini e dolci di vario tipo. La mamma aggiunse i tovaglioli e con un'espressione soddisfatta disse:

— Abbiamo fatto un bel lavoro, questa tavola è davvero stupenda!

In quel momento suonò il campanello.

— Leo vai ad aprire... è arrivato qualcuno!
— Tanti auguriii!
— Grazie Edo!

Mentre chiacchieravo con Edo il campanello suonò di nuovo era Andrea, poi uno dopo l'altro arrivarono tutti gli altri invitati. Ognuno di loro mi consegnò un regalo che appoggiai su un tavolo vuoto posizionato in fondo alla sala. Mangiammo qualche dolcetto poi uscimmo in giardino a giocare finché la mamma ci richiamò dicendo che doveva dividerci in squadre, aveva già pensato a tutto e predisposto in una ciotola tanti bigliettini quanti gli invitati più uno, cioè io, che servivano a creare le squadre per la caccia al tesoro; successivamente iniziò l'estrazione. Le squadre si dividevano in rossa, verde e bianca, ognuna composta da tre bambini, io ero finito nella squadra bianca, la mamma ci diede il via e iniziammo a correre per tutta la casa alla ricerca dei vari indizi. Passavamo dall'esterno all'interno in continuazione, alla fine il tesoro fu trovato dalla squadra verde, quella capitanata da Edo e consisteva in tre libri di Geronimo Stilton. Ero contento! La squadra del mio migliore amico aveva trovato il tesoro che io avevo scelto. Uscimmo ancora in giardino a giocare finché la mamma ci chiamò per il taglio della torta, soffiai energicamente sulle candeline tra gli applausi, seguì un coretto non propriamente intonato dei classici auguri di buon compleanno in italiano e in inglese; poi arrivò il momento di scartare i regali. Ero molto emozionato, mi tremavano le mani, mi avevano regalato tante cose belle e utili: un libro, delle matite colorate acquerellabili, delle macchinine, quando ad un certo punto aprii un pacchettino molto piccolo e leggero, tentai di indovinare cosa conteneva come avevo fatto con gli altri. I miei amici incuriositi osservavano in silenzio e quando videro che il regalo consisteva in una bustina di figurine dei calciatori esplosero in una risata sonora.

— Ah ah ah... Chi ha avuto questa brillante idea?! — Disse uno degli invitati.

— Sarà sicuramente un simpatico scherzo! — Rispose Giudy.

— Un pacchetto di figurine, ma che razza di regalo è?! — Rincarò la dose Edo.

— Cosa dite... è bellissimo invece! Si vede che a voi non piace il calcio. Leo, se ne trovi di doppie, facciamo scambio con le mie così completiamo l'album dei calciatori? Da te Edo un'affermazione così non me la aspettavo! — Intervenne Andrea.

— Certo Andrea ci mancherebbe sempre che, chi mi ha fatto il dono non ne abbia a male; per quanto riguarda il regalo invece, l'importante è il pensiero... — Dissi io perché proprio in quel momento mi sembrò di ricordare chi me l'aveva consegnato.

Guardai Lucia, che a causa di quanto detto da alcuni compagni presenti alla festa si sentiva a disagio e il suo viso era diventato rosso dalla vergogna. A quel punto ebbi piena conferma che il regalo era il suo, continuai a fingere di non sapere di chi fosse per evitare che gli altri la prendessero ulteriormente in giro. Aprii il pacchetto e, guardando Lucia le feci nuovamente un bel sorriso e dissi:

— Che bello, fantastico! Contiene due figurine che mi mancavano per completare la raccolta!

Lei contraccambiò il sorriso e il rossore scomparve dal suo volto, infine uscimmo a giocare finché non arrivò l'ora di tornare a casa; salutai e ringraziai tutti per i regali e per essere venuti alla mia festa. Quando

rimasi solo con la mamma le dissi:

— Sai mamma, mi sono divertito molto oggi è stata proprio una bella giornata, ma Lucia, era visibilmente a disagio perché hanno criticato il suo regalo e c'è rimasta molto male. Il comportamento dei miei compagni verso il suo dono non mi è piaciuto perché l'hanno messa in imbarazzo.

— Hai ragione Leo, non tutti hanno le stesse possibilità economiche e mi è piaciuto molto il tuo comportamento, l'importante è accettare e, saper apprezzare una persona per quello che ha dentro non per le cose materiali o l'aspetto esteriore.

— Certo mamma.
— Ora vai a lavarti le mani, tra poco si cena.
— D'accordo mamma.

Dopo aver cenato ero così stanco che non ci fu bisogno d'invitarmi ad andare a letto, appoggiai la testa sul cuscino e mi addormentai subito col cuore che scoppiava di gioia.

LA FESTA DI COMPLEANNO

OSSERVA ATTENTAMENTE L'IMMAGINE E DESCRIVI CIÒ CHE VEDI.

LA FESTA DI COMPLEANNO

Osserva attentamente l'immagine e descrivi ciò che vedi.

....

....

....

....

....

LA FESTA DI COMPLEANNO

EDO ARRIVA PER PRIMO ALLA FESTA.

LA MAMMA DI LEO HA ORGANIZZATO UNA CACCIA AL TESORO.

LE SQUADRE SONO TRE: VERDE, BIANCA E ROSSA.

LA SQUADRA VERDE TROVA IL TESORO.

LEO RICEVE UN LIBRO, DELLE MACCHININE, DELLE MATITE
COLORATE E DELLE FIGURINE.

RISPONDI

1. CHI ARRIVA PER PRIMO ALLA FESTA?

....

....
2. COSA HA ORGANIZZATO LA MAMMA DI LEO?

....

....
3. QUANTE SONO LE SQUADRE?

....

....
4. QUALE SQUADRA TROVA IL TESORO?

....

....
5. CHE REGALI RICEVE LEO?

....

....

1. ARRIVA ALLA FESTA DOPO EDOARDO.

2. IL COLORE DELLA SQUADRA DI LEO.

1			D	R		
2				N	C	

3. IL COLORE DELLA SQUADRA DI EDO.

4. LA SQUADRA DI EDOARDO NE VINCE 3.

1			R	D	
2			B	R	

5. LE REGALA LUCIA A LEO.

6. LO SONO LE MATITE REGALATE A LEO.

1						N	
2			L		R	T	

LA FESTA DI COMPLEANNO

Edo arriva per primo alla festa.

La mamma di Leo ha organizzato una caccia al tesoro.

Le squadre sono tre: verde, bianca e rossa.

La squadra verde trova il tesoro.

Leo riceve un libro, delle macchinine, delle matite colorate e delle figurine.

RISPONDI

1. Chi arriva per primo alla festa?

....

2. Cosa ha organizzato la mamma di Leo?

....

3. Quante sono le squadre?

....

4. Quale squadra trova il tesoro?

....

5. Che regali riceve Leo?

....

....

DEFINIZIONI

1. Arriva alla festa dopo Edoardo.

2. Il colore della squadra di Leo.

1		D	R		
2			N	C	

DEFINIZIONI

1. Il colore della squadra di Edo.

2. La squadra di Edoardo ne vince tre.

1		R	D	
2		B	R	

DEFINIZIONI

1. Le regala Lucia a Leo.

2. Lo sono le matite regalate a Leo.

1					N	
2		L	R		T	

LA FESTA DI COMPLEANNO

LEO È FELICE, FINALMENTE È ARRIVATO IL GIORNO IN CUI FESTEGGERÀ IL SUO COMPLEANNO. LA SALA È ADDOBBATA CON TANTI PALLONCINI COLORATI APPESI ALLE PARETI.

AL CENTRO DELLA TAVOLA CI SONO TANTE COPPETTE DI VARI COLORI CONTENENTI SALATINI E DOLCI DI VARIO TIPO.

IL PRIMO AD ENTRARE È EDO. LEO RICEVE TANTI BEI REGALI: UN LIBRO, DELLE MATITE COLORATE ACQUERELLABILI, DELLE MACCHININE E UN PACCHETTO DI FIGURINE.

RISPONDI

1. PERCHÉ LEO È FELICE?

....

2. COM'È ADDOBBATA LA SALA?

....

3. COSA C'È AL CENTRO DELLA TAVOLA?

....

4. CHI ARRIVA PER PRIMO ALLA FESTA?

....

5. CHE REGALI RICEVE LEO?

....

....

ANSIOSO	FORTE RISATA
CAPITANATA	AGITATO, TURBATO
ENERGICAMENTE	CANTARE BENE
ESSERE INTONATO	DIVENTARE PIÙ GRANDE
AUMENTARE	CON FORZA
SONORA RISATA	IN MODO CHIARO
VISIBILMENTE	GUIDATA

LA FESTA DI COMPLEANNO

Leo è felice, finalmente è arrivato il giorno in cui festeggerà il suo compleanno. La sala è addobbata con tanti palloncini colorati appesi alle pareti.

Al centro della tavola ci sono tante coppette di vari colori contenenti salatini e dolci di vario tipo.

Il primo ad entrare è Edo. Leo riceve tanti bei regali: un libro, delle matite colorate acquerellabili, delle macchinine e un pacchetto di figurine.

RISPONDI

1. Perché Leo è felice?

....

2. Com'è addobbata la sala?

....

3. Cosa c'è al centro della tavola?

....

4. Chi arriva per primo alla festa?

....

5. Che regali riceve Leo?

....

....

ansioso	forte risata
capitanata	agitato, turbato
energicamente	cantare bene
essere intonato	diventare più grande
aumentare	con forza
sonora risata	in modo chiaro
visibilmente	guidata

LA FESTA DI COMPLEANNO

LEO PROVA TANTA GIOIA PERCHÉ È LA SUA FESTA DI COMPLEANNO.

LUCIA INVECE SI VERGOGNA QUANDO TUTTI RIDONO PER IL REGALO

CHE HA FATTO A LEO.

LA **GIOIA** È UN'EMOZIONE CHE CI FA STARE BENE, PROVIAMO GIOIA

IN MOMENTI SPECIALI, PER ESEMPIO QUANDO FESTEGGIAMO UN

COMPLEANNO.

LA **VERGOGNA** INVECE È UN'EMOZIONE NEGATIVA CHE CI FA SENTIRE

A DISAGIO. SI PROVA VERGOGNA QUANDO QUALCUNO CI PRENDE IN

GIRO COME È SUCCESSO A LUCIA.

COLORA LE NUVOLETTE CHE CONTENGONO LE PAROLE DELLA GIOIA E
AGGIUNGINE ALTRE NELLE NUVOLETTE BIANCHE.

COLORA LE NUVOLETTE CHE CONTENGONO LE AZIONI CHE PROVOCANO VERGOGNA E AGGIUNGINE ALTRE NELLE NUVOLETTE BIANCHE.

ALCUNI CONSIGLI

IO A VOLTE DIVENTO ROSSO E PER QUESTO

MOTIVO ALCUNI AMICI MI PRENDONO IN GIRO;

SE ANCHE A TE SUCCEDE FAI COME ME, RIDICI

SOPRA DICENDO:

— IL ROSSO MI DONA VERO?

SE PROPRIO SEI IN IMBARAZZO PENSA A

QUALCOSA DI DIVERTENTE RIFERITO A CHI TI STA

PRENDENDO IN GIRO, PER ESEMPIO IMMAGINA IL

TUO COMPAGNO TRAVESTITO DA PAGLIACCIO,

COSÌ RIDENDO, VINCERAI L'IMBARAZZO, CREDI A ME, **PAROLA DI LEO**!

LA FESTA DI COMPLEANNO

Leo prova tanta gioia perché è la sua festa di compleanno.

Lucia invece si vergogna quando tutti ridono per il regalo che ha fatto a Leo.

La **gioia** è un'emozione che ci fa stare bene, proviamo gioia in momenti speciali, per esempio quando festeggiamo un compleanno.

La **vergogna** invece è un'emozione negativa che ci fa sentire a disagio, si prova vergogna quando qualcuno ci prende in giro come è successo a Lucia.

Colora le nuvolette che contengono le parole della gioia e aggiungine altre nelle nuvolette bianche.

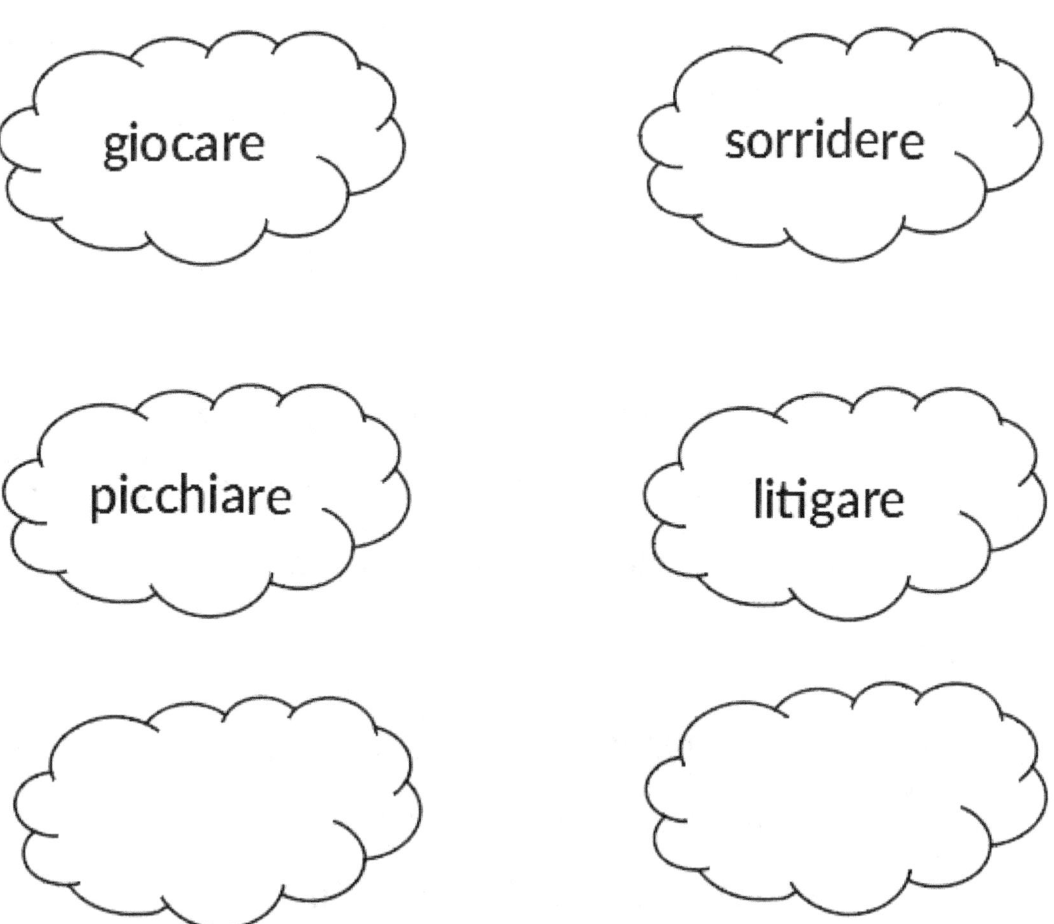

Colora le nuvolette che contengono le azioni che provocano vergogna e aggiungine altre nelle nuvolette bianche.

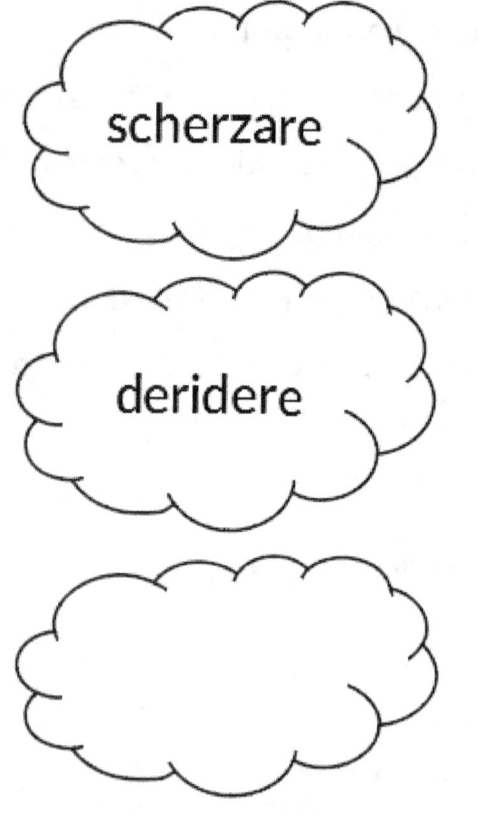

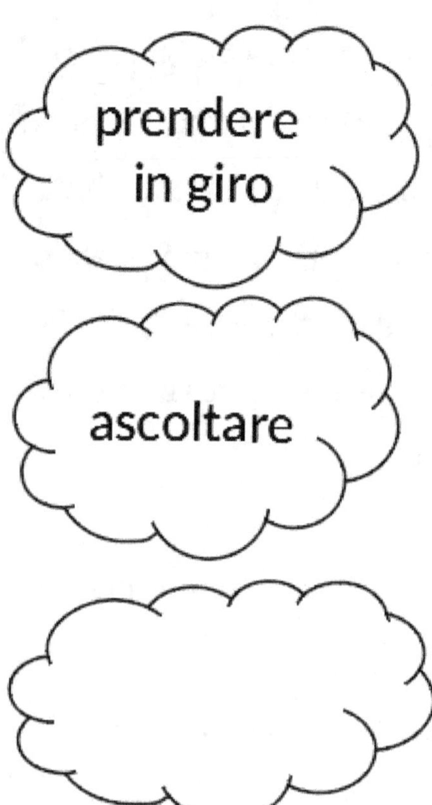

ALCUNI CONSIGLI

Io a volte divento rosso e per questo motivo alcuni amici mi prendono in giro; se anche a te succede fai come me, ridici sopra dicendo:

— Il rosso mi dona vero?

Se proprio sei in imbarazzo pensa a qualcosa di divertente riferito a chi ti sta prendendo in giro, per esempio immagina il tuo compagno travestito da pagliaccio, così ridendo, vincerai l'imbarazzo, credi a me, **PAROLA DI LEO!**

LA FESTA DI COMPLEANNO

Fai una crocetta accanto alla risposta corretta.

1.Cosa organizzò la mamma di Leo per la sua festa?

- [ ] Una caccia al tesoro.
- [ ] Dei giochi di squadra.
- [ ] Una gara di corsa.

2.Qual era il tesoro?

- [ ] Tre libri di fiabe.
- [ ] Tre libri di Geronimo Stilton.
- [ ] Tre libri di barzellette.

3.Cosa regalò Lucia a Leo?

- [ ] Una macchinina.
- [ ] Un libro di Geronimo Stilton.
- [ ] Un pacchetto di figurine.

4.Come reagirono gli invitati quando Leo scartò il regalo di Lucia?

- [ ] Volevano vedere le figurine.
- [ ] Dissero che era bellissimo.
- [ ] Si misero a ridere.

5.Perché secondo te Lucia regalò un pacchetto di figurine a Leo?

- [ ] Perché a Leo piacevano molto.
- [ ] Non sapeva quale regalo fargli.
- [ ] I soldi che aveva le consentivano di fare un regalo poco costoso.

6. Gli amici di Leo si mettono a ridere quando vedono il regalo di Lucia. Secondo te è giusto? Rispondi sì o no e poi spiega il perché.

....

Leggi le definizioni e completa i mini cruciverba.

DEFINIZIONI

1. Arriva alla festa dopo Edoardo.

2. Il colore della squadra di Leo.

1				
2				

DEFINIZIONI

3. Il colore della squadra di Edo.

4. La squadra di Edoardo ne vince tre.

3			
4			

DEFINIZIONI

5. Le regala Lucia a Leo.

6. Lo sono le matite regalate a Leo.

5						
6						

LA FESTA DI COMPLEANNO

LEGGI ATTENTAMENTE E RISPONDI.

1. Qual è il regalo più bello o più brutto che hai ricevuto?

....

....

2. Quando l'hai ricevuto?

....

....

3. Chi te l'ha regalato?

....

....

4. Descrivilo brevemente.

....

....

5. Cosa hai provato quando hai scartato il regalo?

....

....

6. Come ti sei comportato?

....

....

Ad un tratto suonò il campanello.

— Leo vai ad aprire... è arrivato qualcuno!

— Tanti auguriii!

— Grazie Edo!

In mezzo alla stanza c'era una lunga tavolata apparecchiata con piatti e bicchieri di plastica.

La sala era addobbata con tanti palloncini colorati e un grande striscione di cartone con la scritta "Buon compleanno".

Era domenica, il giorno del mio compleanno, ero felice, io e la mamma stavamo sistemando prima che arrivassero gli invitati.

Mentre chiacchieravo con Edo il campanello suonò di nuovo era Andrea, poi uno dopo l'altro arrivarono tutti gli altri invitati.

LA FESTA DI COMPLEANNO

Leo prova tanta gioia perché è la sua festa di compleanno. Lucia invece si vergogna quando tutti ridono per il regalo che ha fatto a Leo.

La gioia è un'emozione che ci fa stare bene, proviamo gioia in momenti speciali, per esempio quando festeggiamo un compleanno.

La vergogna invece è un'emozione negativa che ci fa sentire a disagio.

Si prova vergogna quando qualcuno ci prende in giro come è successo a Lucia.

1 Colora le nuvolette che contengono le parole della gioia e aggiungine altre nelle nuvolette bianche.

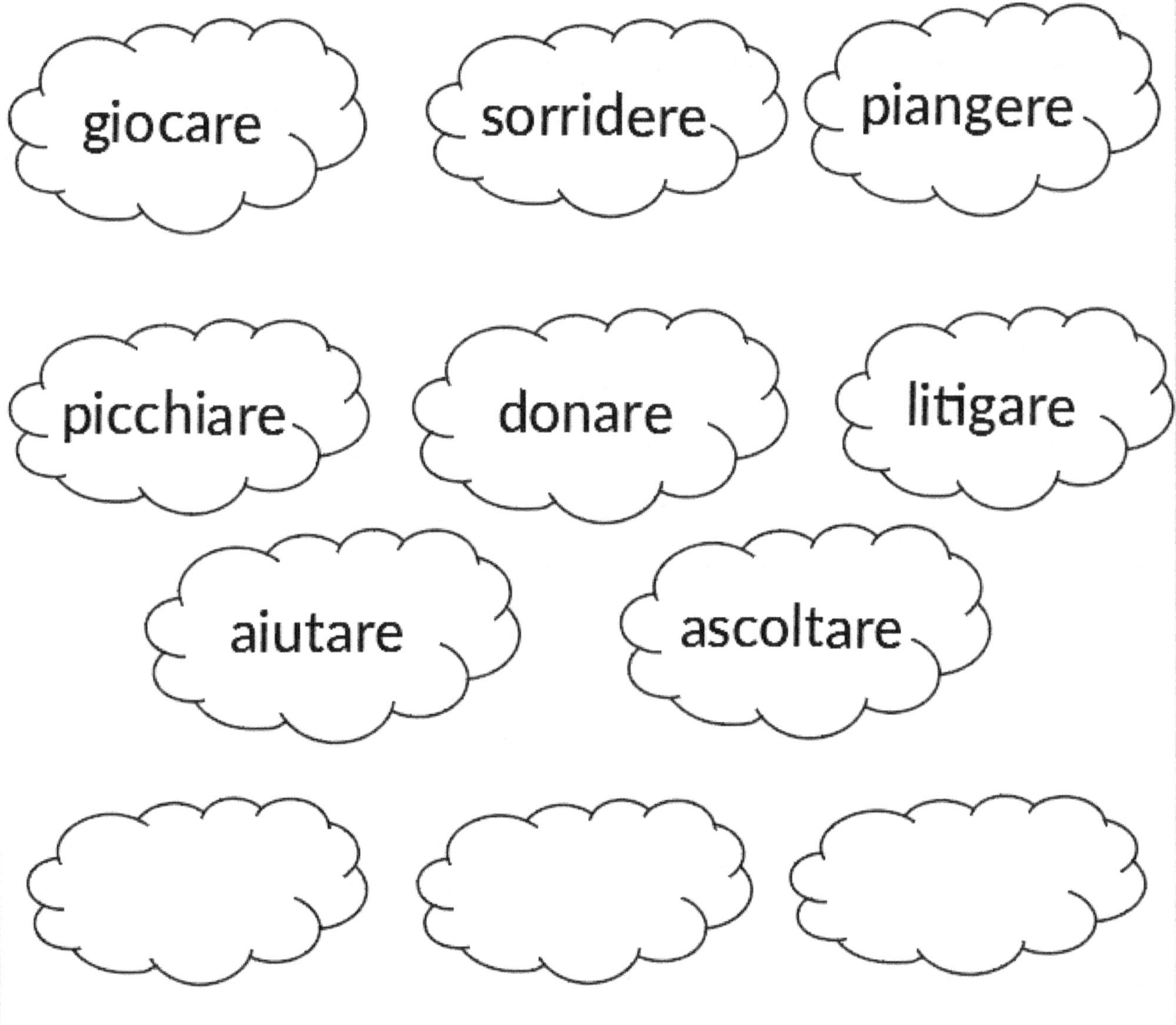

2. Colora le nuvolette che contengono le azioni che provocano vergogna.

scherzare

prendere
in giro

deridere

ascoltare

3. Scrivi tre frasi sulla gioia e tre sulla vergogna utilizzando tre delle parole scritte nelle nuvolette.

GIOIA

....

....

....

VERGOGNA

....

....

....

27 FEBBRAIO 2015
Un nuovo compagno

Quel giorno sapevamo che sarebbe arrivato un nuovo bambino e lo attendevamo con ansia; proveniva da un'altra scuola e non vedevamo l'ora di conoscerlo. Paolo arrivò dopo la ricreazione, era alto e robusto, le sue braccia erano lunghe e le sue mani tozze. Indossava una semplice maglietta bianca e un paio di pantaloni grigi della tuta, con una riga nera che correva su tutta la lunghezza del pantalone. Aveva il vizio di mordicchiarsi le unghie e per questo erano cortissime; i capelli neri e ricci ricadevano sulla fronte larga e spaziosa; i suoi occhi scuri a mandorla apparivano tristi e malinconici. Aveva un neo marrone posizionato sul lato sinistro del viso proprio al di sopra delle sue labbra carnose e sporgenti. La maestra lo presentò e lui sorrise a tutti senza parlare, poi prese posto vicino a me, come lei gli aveva indicato. Aprì il suo zaino e tirò fuori il materiale appoggiandolo sul banco, i suoi quaderni erano molto più piccoli dei nostri e l'astuccio era tutto colorato.

— Benvenuto Paolo, io mi chiamo Leo e lui è Edo.

Paolo mi ignorò completamente e guardai Edo, era anche lui perplesso e spiazzato da quell'atteggiamento insolito; dopo rivolgendomi ancora a Paolo gli dissi:

— Bello il tuo astuccio!

Lui non rispose continuando a rovistare nello zaino e ignorandomi completamente.

La giornata di scuola trascorse a rilento a causa delle verifiche, ma il pensiero di Paolo non mi abbandonò, così, la sera stessa a tavola rivolgendomi alla mamma dissi:

— Sai mamma, oggi è arrivato un bambino nuovo in classe, si chiama Paolo.

— Paolo? Dev'essere il figlio della signora Piera l'ho conosciuta proprio ieri al supermercato, mi ha detto che si sono trasferiti da poco nella via accanto alla nostra, sembra proprio una brava persona, ma lui com'è?

— Mah, non saprei... non parla molto... sinceramente mi sembra un po' scontroso.

— Beh... su... non impiegherai molto a coinvolgerlo, sei talmente chiacchierone...

— Non so mamma, oggi gli ho rivolto alcune domande a cui non ha proprio risposto!

— Forse è timido?

— Forse, mah... — risposi io.

L'indomani a scuola dovevamo fare dei lavori di gruppo, l'insegnante ci suddivise in équipe come al solito e insieme a me c'era anche Paolo. Dovevamo fare un lavoro molto semplice. Feci la mia proposta, tutti la approvarono, tranne lui.

— La tua idea è pessima!

— Dai Paolo, proponi tu qualcosa. — Risposi

Non rispose, si limitò a mettersi in disparte disegnando sul suo diario, l'attività di gruppo proseguì per tutta la mattina ma senza il suo contributo. Quel bambino era davvero strano ed ero certo di non piacergli senza che ve ne fosse una ragione valida; dopo la scuola venne a chiamarmi Andrea.

— Ti va di andare a fare una partita di calcio al centro sportivo?

— Certo Andrea!

Arrivammo al centro sportivo e c'erano i nostri amici ad attenderci.

— Dai iniziamo ragazzi! — Dissi.

Mentre correvo verso la porta per tentare un goal, Andrea mi sottrasse la palla.

— Ma come sei bravo!

Mi girai per capire da dove arrivava quel commento che aveva tutta l'aria di essere ironico e dietro la rete del campo da calcetto vidi Paolo che mi guardava con un sorriso **beffardo**, non risposi e continuai a giocare. Lui rimase lì per tutto il tempo facendo dei commenti pungenti ogni volta che sbagliavo. Non capivo proprio perché si comportasse così con me e non sapevo come avrei potuto risolve- r e quel problema. Decisi, lì per lì, che il giorno dopo avrei chiesto all'insegnante di cambiarmi posto, forse così mi avrebbe lasciato in pace.

L'indomani arrivai a scuola in ritardo perché oltre ad essermi addormentato e ad avere perso il pulmino, quando la mamma mi disse che mi avrebbe portato, la fortuna continuò a non girare a mio favore perché la macchina non voleva partire e così lei dovette accompagnarmi a piedi. Entrai in classe e mi accorsi che l'insegnante aveva già spostato Paolo,

Edo mi disse che lo aveva fatto per permettergli di socializzare un po'
con tutti. Tirai un sospiro di sollievo, sperai di non ritrovarmelo più nel
gruppo di lavoro, la mattinata volò in fretta ma ogni tanto lui mi lanciava
delle occhiatacce che non mi piacevano per niente. Decisi di ignorarlo,
così forse mi avrebbe lasciato in pace. Purtroppo non fu così...

GLOSSARIO:

BEFFARDO: ironico, pungente, di derisione,
di scherno

PAOLO

ASCOLTA ATTENTAMENTE LA LETTURA DELL'INSEGNANTE E COLORA PAOLO SEGUENDO LE SUE INDICAZIONI.

PAOLO

Ascolta attentamente la lettura dell'insegnante e colora Paolo seguendo le sue indicazioni.

PAOLO

PAOLO È ALTO E ROBUSTO.

HA L'ABITUDINE DI MORDICCHIARSI LE UNGHIE.

I SUOI CAPELLI SONO NERI E RICCI.

LA SUA FRONTE È LARGA E SPAZIOSA.

LE SUE LABBRA SONO CARNOSE.

RISPONDI

1. COM'È PAOLO?

....

....

2. CHE ABITUDINE HA?

....

....

3. COME SONO I SUOI CAPELLI?

....

....

4. COM'È LA SUA FRONTE?

....

....

5. COME SONO LE SUE LABBRA?

....

....

DEFINIZIONI

1. LO SONO LE BRACCIA DI PAOLO.

2. LO SONO LE MANI DI PAOLO.

1		N	G		
2		Z	Z		

DEFINIZIONI

3. IL COLORE DEI PANTALONI DI PAOLO.

4. LO È LA FRONTE DI PAOLO.

3			G		
4		T			

DEFINIZIONI

5. LO SONO GLI OCCHI DI PAOLO.

6. LO SONO I CAPELLI DI PAOLO.

5		R	
6	C		I

PAOLO

Paolo è alto e robusto.

Ha l'abitudine di mordicchiarsi le unghie.

I suoi capelli sono neri e ricci.

La sua fronte è larga e spaziosa.

Le sue labbra sono carnose.

RISPONDI

Com'è Paolo?

....

Che abitudine ha?

....

Come sono i suoi capelli?

....

Com'è la sua fronte?

....

Come sono le sue labbra?

....

DEFINIZIONI

1. Lo sono le braccia di Paolo.

2. Lo sono le mani di Paolo.

1		N	G		
2		Z	Z		

DEFINIZIONI

3. Il colore dei pantaloni di Paolo.

4. Lo è la fronte di Paolo.

1			G		
2			R	G	

DEFINIZIONI

5. Lo sono gli occhi di Paolo.

6. Lo sono i capelli di Paolo.

5			R	
6		C		I

PAOLO

PAOLO FA IL PREPOTENTE CON LEO, DISAPPROVA IN MALO MODO LE SUE SCELTE E LO STUZZICA MENTRE GIOCA A CALCIO. TI È MAI CAPITATO DI TROVARTI IN UNA SITUAZIONE SIMILE? TI SEI MAI COMPORTATO DA PREPOTENTE? HAI MAI SUBITO PREPOTENZE? COME TI SEI SENTITO? COME HAI REAGITO?

RACCONTA.

....

....

....

....

....

....

....

....

....

....

....

....

COLORA DI GIALLO LE FRASI CHE INDICANO LE SITUAZIONI PRESENTI IN QUESTO CAPITOLO.

PAOLO ARRIVÒ DOPO LA RICREAZIONE, ERA ALTO E ROBUSTO, LE SUE BRACCIA ERANO LUNGHE E LE SUE MANI ERANO TOZZE.

LE SUE UNGHIE ERANO LUNGHE E CURATE; I CAPELLI BIONDI E RICCI RICADEVANO SULLA FRONTE; I SUOI OCCHI SCURI A MANDORLA APPARIVANO TRISTI E MALINCONICI.

LA MAESTRA LO PRESENTÒ E LUI SORRISE A TUTTI SENZA PARLARE, POI PRESE POSTO VICINO AD EDO, COME LEI GLI AVEVA INDICATO.

L'INDOMANI A SCUOLA L'INSEGNANTE CI SUDDIVISE IN GRUPPI E INSIEME A ME C'ERA ANCHE PAOLO. DOVEVAMO FARE UN LAVORO MOLTO SEMPLICE; FECI LA MIA PROPOSTA, TUTTI LA APPROVARONO, TRANNE LUI.

DIETRO LA RETE DEL CAMPO DA CALCETTO VIDI PAOLO CHE MI GUARDAVA CON AMMIRAZIONE, RIMASE LÌ PER TUTTO IL TEMPO BATTENDO LE MANI OGNI VOLTA CHE FACEVO GOAL.

UN NUOVO COMPAGNO

Paolo fa il prepotente con Leo, disapprova in malo modo le sue scelte e lo stuzzica mentre gioca a calcio. Ti è mai capitato di trovarti in una situazione simile? Ti sei mai comportato da prepotente? Hai mai subito prepotenze? Come ti sei sentito? Come hai reagito?

RACCONTA

....

....

....

....

....

....

....

....

....

....

....

Colora di giallo le frasi appartenenti a questo capitolo.

Paolo arrivò dopo la ricreazione, era alto e robusto, le sue braccia erano lunghe e le sue mani erano tozze.

Le sue unghie erano lunghe e curate; i capelli biondi e ricci ricadevano sulla fronte; i suoi occhi scuri a mandorla apparivano tristi e malinconici.

La maestra lo presentò e lui sorrise a tutti senza parlare, poi prese posto vicino ad Edo, come lei gli aveva indicato.

L'indomani a scuola l'insegnante ci suddivise in gruppi e insieme a me c'era anche Paolo. Dovevamo fare un lavoro molto semplice; feci la mia proposta, tutti la approvarono, tranne lui.

Dietro la rete del campo da calcetto vidi Paolo che mi guardava con ammirazione, rimase lì per tutto il tempo battendo le mani ogni volta che facevo goal.

UN NUOVO COMPAGNO

LEO È ESASPERATO, CIOÈ NON RIESCE PIÙ A SOPPORTARE PAOLO PERCHÉ LO PRENDE IN GIRO E GLI FA I DISPETTI ANCHE AL DI FUORI DELLA SCUOLA.

SAI CHE?

I BAMBINI CHE SI COMPORTANO COME PAOLO SONO DEI BULLI?

CHI È IL BULLO?

QUANDO UN BAMBINO FA IL PREPOTENTE, TI PRENDE IN GIRO, TI PICCHIA O TI FA I DISPETTI SI PUÒ PARLARE DI BULLISMO.

COME SI COMPORTA?

IL BULLO AGISCE DA SOLO MA SPESSO PREFERISCE IL GRUPPO.
SI DIVERTE TORMENTANDO UNA O PIÙ PERSONE MA ANCHE ANIMALI, CON AZIONI CATTIVE.
PRENDE IN GIRO SEMPRE LO STESSO COMPAGNO.

AZIONI CORRETTE O DA BULLI?

COLORA DI GIALLO LE CASELLE CHE CONTENGONO LE AZIONI CORRETTE E DI
ROSSO QUELLE CHE CONTENGONO AZIONI NON CORRETTE E CIOÈ DA BULLI.

PRENDERE IN GIRO	AIUTARE
PICCHIARE	SPINGERE
DIFENDERE	OFFENDERE
FARE I DISPETTI	ESCLUDERE
ESSERE CORTESI	TORMENTARE GLI ANIMALI

UN NUOVO COMPAGNO

Leo è esasperato, cioè non riesce più a sopportare Paolo perché lo prende in giro e gli fa i dispetti anche al di fuori della scuola.

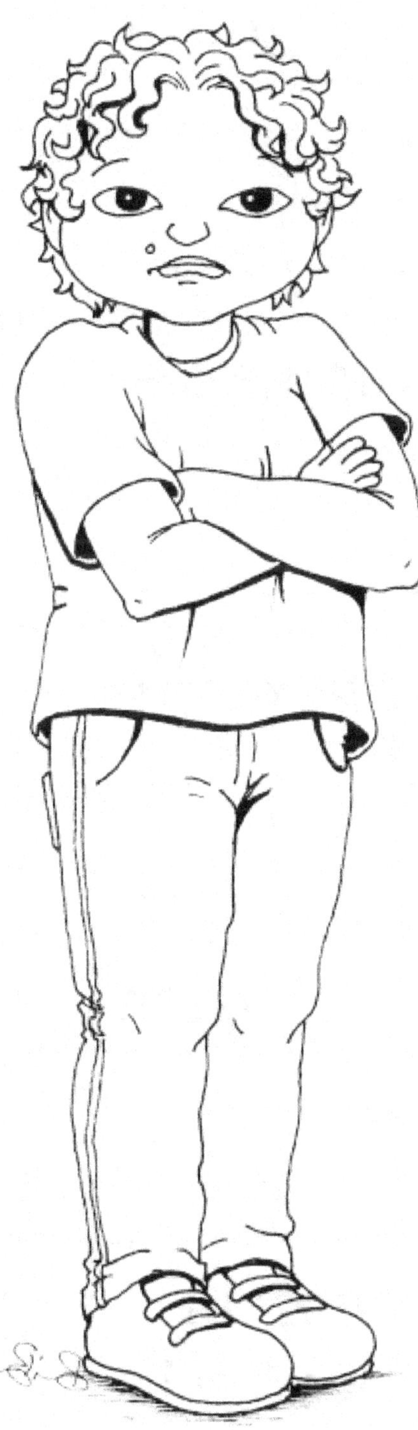

SAI CHE?

I bambini che si comportano come Paolo sono dei bulli?

CHI È IL BULLO?

Quando un bambino fa il prepotente, ti prende in giro, ti picchia o ti fa i dispetti si può parlare di bullismo.

COME SI COMPORTA?

Il bullo agisce da solo ma spesso preferisce il gruppo.

Si diverte tormentando una o più persone ma anche animali, con azioni cattive.

Prende in giro sempre lo stesso compagno.

AZIONI CORRETTE O DA BULLI?

Colora di giallo le caselle che contengono le azioni corrette e di rosso quelle che contengono azioni non corrette e cioè da bulli.

prendere in giro	aiutare
picchiare	spingere
difendere	offendere
fare i dispetti	escludere
tormentare gli animali	essere cortesi

UN NUOVO COMPAGNO

Fai una crocetta accanto alla risposta corretta.

1.Com'era Paolo, il nuovo compagno di Leo?

- [ ] Poco socievole.
- [ ] Molto socievole.
- [ ] Chiacchierone.

2.Come si comportava con Leo?

- [ ] In modo gentile.
- [ ] Lo ignorava.
- [ ] Lo stuzzicava e lo prendeva in giro.

3.Cosa pensò di fare Leo?

- [ ] Raccontare tutto alla mamma.
- [ ] Affrontare Paolo.
- [ ] Chiedere all'insegnante di poter cambiare posto.

4.Cosa successe l'indomani a scuola?

- [ ] L'insegnante cambiò posto a Paolo.
- [ ] Leo parlò con l'insegnante del problema che ha con Paolo.
- [ ] Leo chiese all'insegnante di cambiargli posto.

5.Come si conclude il racconto?

- [ ] Leo decise di ignorare Paolo.
- [ ] Leo e Paolo diventarono amici.
- [ ] Leo parlò all'insegnante dei suoi problemi con Paolo.

6.E tu cosa avresti fatto al posto di Leo?

....

....

....

CRUCIVERBA

<table>
<tr><td>1</td><td></td><td></td><td></td><td></td><td></td><td>S</td><td></td><td></td><td>M</td><td></td><td></td></tr>
<tr><td>2</td><td></td><td>B</td><td>U</td><td></td><td>T</td><td></td><td></td><td></td><td></td><td></td><td></td></tr>
<tr><td>3</td><td></td><td>L</td><td></td><td>N</td><td></td><td>O</td><td></td><td></td><td></td><td></td><td></td></tr>
<tr><td>4</td><td></td><td></td><td>D</td><td></td><td>R</td><td></td><td></td><td></td><td></td><td></td><td></td></tr>
<tr><td>5</td><td></td><td>R</td><td></td><td></td><td>S</td><td></td><td></td><td></td><td></td><td></td><td></td></tr>
<tr><td>6</td><td></td><td>C</td><td></td><td>O</td><td></td><td></td><td></td><td></td><td></td><td></td><td></td></tr>
<tr><td>7</td><td></td><td>L</td><td></td><td>R</td><td>A</td><td></td><td></td><td></td><td></td><td></td><td></td></tr>
<tr><td>8</td><td>C</td><td></td><td>N</td><td></td><td>R</td><td></td><td>S</td><td>O</td><td></td><td></td><td></td></tr>
</table>

DEFINIZIONI

1. Lo sono le unghie di Paolo.

2. La corporatura di Paolo.

3. L'espressione degli occhi di Paolo.

4. La forma dei suoi occhi.

5. Lo sono le sue labbra.

6. Lo sono i suoi quaderni.

7. Lo è il suo astuccio.

8. L'atteggiamento di Paolo nei confronti di Leo a

scuola.

LA FESTA DI COMPLEANNO

1. Leo cerca di fare amicizia con Paolo ma lui lo ignora. Perché secondo te?

....

....

....

....

2. Ti è mai capitato di incontrare un bambino come Paolo?

   Come ti sei comportato?

....

....

....

....

3. Ti è mai capitato di comportarti come Paolo?

   Se sì racconta.

....

....

....

....

....

4. Oltre ad ignorare Leo, Paolo si comporta in modo prepotente con lui.

   Ti è mai capitato di trovarti in una situazione simile?

   Cos'era successo? Come hai reagito tu? Racconta.

CRUCIVERBA DEI CONTRARI

Nelle definizioni sono contenuti degli aggettivi riferiti a Paolo, trova i contrari ed inseriscili nel cruciverba.

1			S			
2		G				
3			C			
4		M				
5	I	O	I		S	
6	P		T			
7	Q		C			

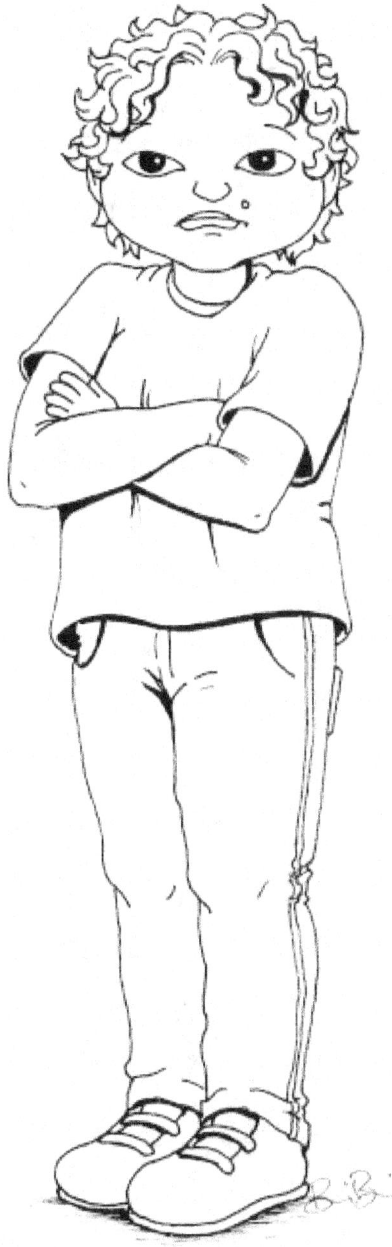

DEFINIZIONI

1. Il contrario di alto.

2. Il contrario di robusto.

3. Il contrario di triste.

4. Il contrario di ansioso.

5. Il contrario di malinconico.

6. Il contrario di schivo.

7. Il contrario di taciturno.

UN NUOVO COMPAGNO

Leo è esasperato, cioè non riesce più a sopportare Paolo perché lo prende in giro e gli fa i dispetti anche al di fuori della scuola.

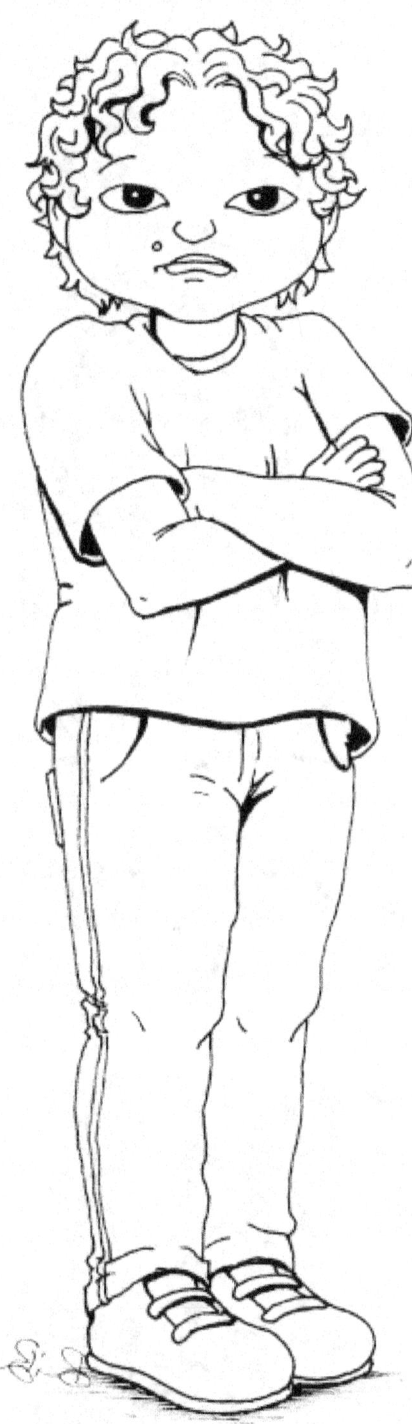

SAI CHE?

I bambini che si comportano come Paolo sono dei bulli?

CHI È IL BULLO?

Quando un bambino fa il prepotente, ti prende in giro, ti picchia o ti fa i dispetti si può parlare di bullismo.

COME SI COMPORTA?

Il bullo agisce da solo ma spesso preferisce il gruppo.

Si diverte tormentando una o più persone ma anche animali, con azioni cattive.

Prende in giro sempre lo stesso compagno.

METTITI ALLA PROVA

Adesso sai riconoscere le azioni da bullo, mettiti alla prova.
Scrivi nei cartellini a sinistra le azioni corrette e in quelli a destra le azioni non corrette
che possono essere considerate atti di bullismo.

AZIONI CORRETTE

ATTI DI BULLISMO

3 MARZO 2015
Il gattino.

Io ed Edo ci eravamo accordati per trovarci al centro sportivo dopo la scuola. Arrivai là accompagnato da mia madre con un certo anticipo e mentre lei chiacchierava con altre mamme mi diressi verso un'altalena che quel giorno era stranamente vuota; salii e cominciai a dondolarmi in attesa che arrivasse Edo. Ad un tratto davanti a me si piazzò Paolo e con aria minacciosa mi **intimò** di scendere. Gli feci notare che c'erano altre altalene libere, ma lui mi rispose che voleva proprio quella; intimorito dal suo atteggiamento aggressivo, scesi a malincuore e mi avvicinai a mia madre che non si era accorta di nulla perché stava chiacchierando con le sue amiche. Ad un tratto sentii un miagolio, mi allontanai da loro e cercai di capire da dove arrivava, nel frattempo sentii una voce amica che mi salutava, era Edo.

— Finalmente, pensavo che non saresti arrivato!
— Che ti succede Leo? Sembri pensieroso...
— Mi sembrava di aver sentito un miagolio poco fa, ma evidentemente mi sono sbagliato... dai! Andiamo a giocare.

Ci stavamo dirigendo verso il gruppo dei nostri amici quando sentii ancora quel miagolio; questa volta era forte e prolungato e sembrava arrivare dall'acero.

— Hai sentito anche tu Edo?
— Sì l'ho sentito.

Entrambi alzammo gli occhi verso la chioma e ci accorgemmo che le foglie si muovevano, nel frattempo arrivò Paolo con un pallone sotto il braccio.

— Cosa state guardando? — Disse con aria non proprio amichevole.

— Nulla, stavamo solo ammirando la chioma di questo bellissimo albero... vero Edo?

— Certo!

— Qualcosa mi dice che non mi state raccontando la verità, c'è dell'altro secondo me... — Insinuò Paolo.

Proprio in quel momento si sentì un miagolio forte e chiaro. Alzammo tutti e tre gli occhi verso l'alto e dalla chioma dell'albero spuntò un musetto bianco e peloso con due macchie nere intorno agli occhi. Era un bel gattino e sembrava molto spaventato.

— Guarda, guarda un gattino... Ora ci divertiamo!

Prese il pallone che aveva sotto il braccio e lo lanciò nella sua direzione che scomparve improvvisamente tra le foglie dell'albero.

— Perché non te la prendi con noi che possiamo difenderci! — Dissi io.

— Non è una buona cosa prendersela con animali indifesi! — Replicò Edo con rabbia.

Alla nostra reazione Paolo rispose:

— Volete la lite?

Nel frattempo si avvicinarono gli amici di Paolo.

— Forza Paolo, continuiamo a giocare!

— Ok arrivo! — Rispose lui.

Fortunatamente se ne andò, anche perché poco dopo, il gattino scese dall'albero e si avvicinò a noi. Era un piccolo batuffolo bianco e peloso con due occhi verdi grandi e splendenti come due smeraldi; il suo nasino era umido e le sue orecchie corte e dritte. Agitava nervosamente la sua folta coda miagolando disperatamente, tentammo di avvicinarci per prenderlo ma spaventato dalle grida dei bambini si arrampicò nuovamente sull'albero e scomparve. Aspettammo che tutti se andassero, poi ci sedemmo sotto l'albero in attesa di un segnale nella speranza di sentire quel miagolio, rimanemmo lì per un lungo periodo, ma niente... il gattino sembrava scomparso. Ad un tratto sentimmo un tonfo, girandoci vedemmo che era caduto dall'albero e sembrava molto spaventato, mi alzai e pian piano mi avvicinai, non tentò di scappare e appariva molto stanco e sfinito.

— Adesso cosa facciamo? — Dissi ad Edo.

— Non saprei... mia madre ha paura dei gatti e non posso portarlo a casa.

— Beh... la mia non mi permetterà mai di tenerlo, ma non possiamo certo lasciarlo qui, dobbiamo nasconderlo al più presto e poi decideremo il da farsi!

— Sì! Dove lo portiamo?

— Lo porteremo a casa mia, perché prima la mamma mi ha detto che andava a fare la spesa con le sue amiche e di non rincasare troppo tardi, per cui questo è il momento propizio per nascondere il gattino nella soffitta, prima che lei rientri. Dai,vieni con me!

Con il gattino in braccio cominciammo a correre arrivando in poco tempo a destinazione. Salimmo in soffitta, presi una cesta vuota e all'interno vi posi un vecchio cuscino rosso per fare stare comodo il gatto, che essendo sfinito, si addormentò immediatamente. Subito dopo versai del latte in una ciotola che posi accanto alla sua cesta.

— Lo chiameremo Minù!

— Minù... mi piace! Come farai a tenerlo nascosto? Tua madre potrebbe scoprirlo!

— Non lo scoprirà, se staremo zitti e non ne faremo parola con nessuno, sarà il nostro segreto!

— Va bene Leo, non ne parleremo con nessuno!

— Ora scendiamo prima che torni mia madre.

Edo tornò a casa e io mi misi a fare i compiti.

GLOSSARIO:

INTIMÒ: ordinò.

MINÙ

COLORA MINÙ A PIACERE.

MINÙ

Colora Minù a piacere.

IL GATTINO

IL GATTINO È UN PICCOLO BATUFFOLO BIANCO E PELOSO. HA DUE
OCCHI VERDI GRANDI E SPLENDENTI, IL SUO NASINO È UMIDO.
LE SUE ORECCHIE SONO CORTE E DRITTE.
AGITA NERVOSAMENTE LA CODA E MIAGOLA DISPERATAMENTE.

RISPONDI

1. COM'È IL GATTINO?

....

....

2.COME SONO I SUOI OCCHI?

....

....

3. COM'È IL SUO NASINO?

....

4. COME SONO LE SUE ORECCHIE?

....

5.COME SI COMPORTA?

....

....

CRUCIVERBA

DEFINIZIONI

1. È IL MIGLIOR AMICO DI LEO.

2. LO È LA CODA DEL GATTINO.

3. LO TIENE PAOLO SOTTO IL BRACCIO.

4. AZIONE DEL GATTINO.

5. È PICCOLO E PELOSO.

6. SI COMPORTA IN MODO PREPOTENTE CON LEO.

7. IL NOME DEL PROTAGONISTA.

IL GATTINO

Il gattino è un piccolo batuffolo bianco e peloso.

Ha due occhi verdi grandi e splendenti.

Il suo nasino è umido.

Le sue orecchie sono corte e dritte.

Agita nervosamente la coda e miagola disperatamente.

RISPONDI

1. Com'è il gattino?

....

2.Come sono i suoi occhi?

....

3. Com'è il suo nasino?

....

4. Come sono le sue orecchie?

....

5.Come si comporta?

....

....

CRUCIVERBA

			1	D				
		2		L	T			
	3		L	L		N		
4			G		L		R	
	5		T	T		N		
		6			L			
			7	E				

DEFINIZIONI

1. È il miglior amico di Leo.

2. Lo è la coda del gattino.

3. Lo tiene Paolo sotto il braccio.

4. Azione del gattino.

5. È piccolo e peloso.

6. Si comporta in modo prepotente con Leo.

7. Il nome del protagonista.

LEGGI ATTENTAMENTE E METTI IN ORDINE LE FRASI SCRIVENDO I NUMERI CORRISPONDENTI NEI QUADRATINI.

— MI È SEMBRATO DI SENTIRE UN MIAGOLIO POCO FA, MA EVIDENTEMENTE MI SONO SBAGLIATO. RISPOSE LEO.

COSÌ ALZARONO ENTRAMBI GLI OCCHI VERSO LA CHIOMA, IN QUEL MENTRE ARRIVÒ PAOLO CON IL PALLONE SOTTO IL BRACCIO.

— CHE TI SUCCEDE LEO SEMBRI PENSIEROSO. DISSE EDO.

— CHE STATE FACENDO VOI DUE? COSA GUARDATE? COSA C'È SULL'ALBERO? DISSE PAOLO.

FORTUNATAMENTE SI AVVICINARONO GLI AMICI DI PAOLO CHE LO CHIAMARONO E SE NE ANDÒ.

SUBITO DOPO LEO ED EDO SENTIRONO IL MIAGOLIO PROVENIRE DALL'ALBERO.

CRUCIVERBA

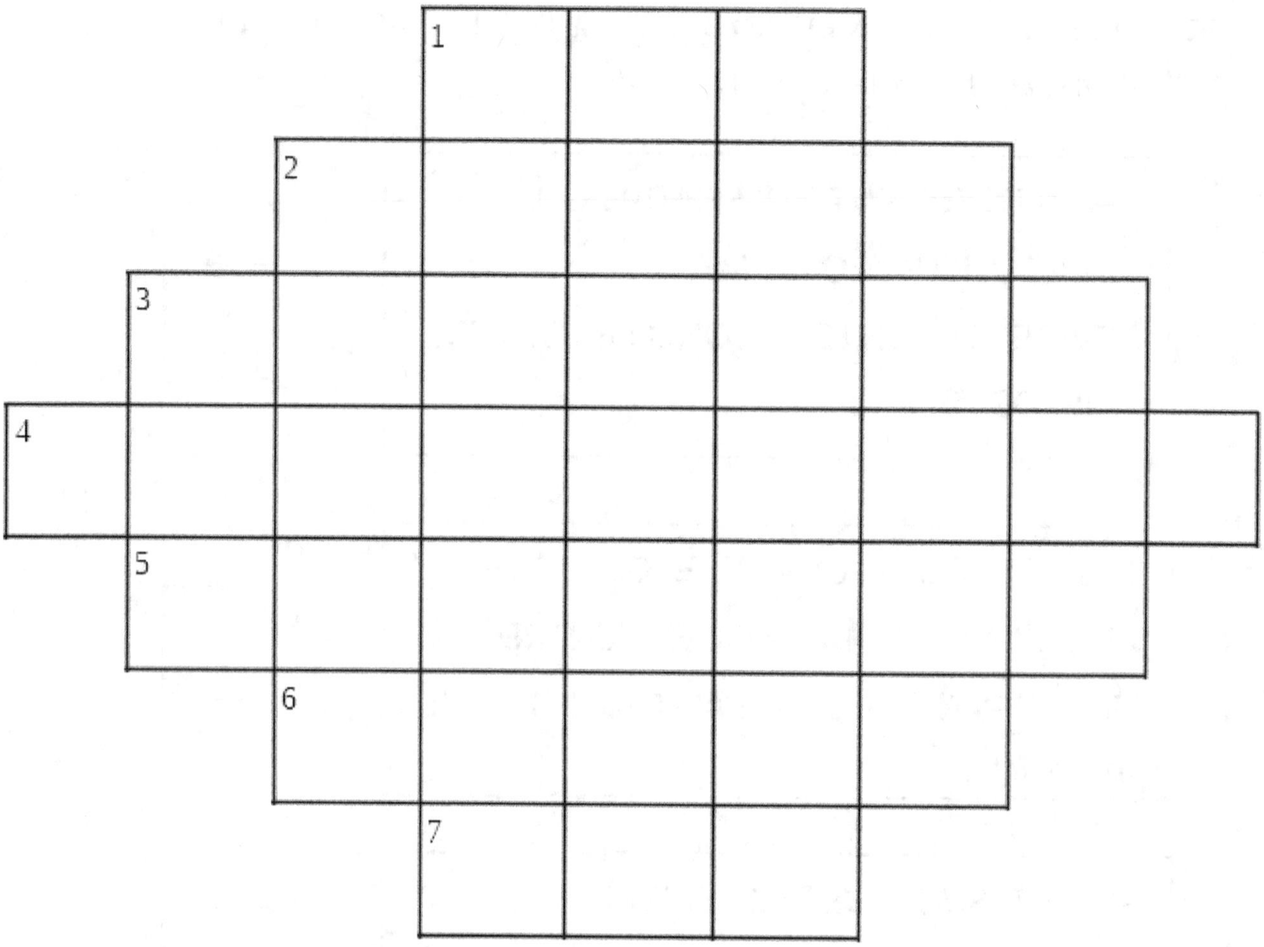

DEFINIZIONI

1. È IL MIGLIOR AMICO DI LEO.

2. LO È LA CODA DEL GATTINO.

3. LO TIENE PAOLO SOTTO IL BRACCIO.

4. AZIONE DEL GATTINO.

5. È PICCOLO E PELOSO.

6. SI COMPORTA IN MODO PREPOTENTE CON LEO.

7. IL NOME DEL PROTAGONISTA.

Leggi attentamente e metti in ordine le frasi scrivendo i numeri corrispondenti nei quadratini.

— Mi è sembrato di sentire un miagolio poco fa, ma evidentemente mi sono sbagliato. Rispose Leo

Così alzarono entrambi gli occhi verso la chioma dell'albero in quel mentre arrivò Paolo con il pallone sotto il braccio.

— Che ti succede Leo sembri pensieroso. Disse Edo.

— Che state facendo voi due? Cosa guardate? Cosa c'è sull'albero? Disse Paolo.

Fortunatamente si avvicinarono gli amici di Paolo che lo chiamarono e se ne andò.

Subito dopo Edo e Leo sentirono di nuovo il miagolio.

CRUCIVERBA

DEFINIZIONI

1. È il miglior amico di Leo.

2. Lo è la coda del gattino.

3. Lo tiene Paolo sotto il braccio.

4. Azione del gattino.

5. È piccolo e peloso.

6. Si comporta in modo prepotente con Leo.

7. Il nome del protagonista.

IL GATTINO

LEO È SPAVENTATO DALL'ATTEGGIAMENTO DI PAOLO CHE SI COMPORTA IN MODO AGGRESSIVO CON LUI INTIMANDOGLI DI SCENDERE DALL'ALTALENA QUANDO INVECE POTREBBE CHIEDERGLIELO CON GENTILEZZA.

LEO È ANCHE MOLTO IN PENA PER IL GATTINO, VORREBBE AIUTARLO MA NON SA COME FARE.

ALLA FINE RIESCE A TROVARE UNA SOLUZIONE E DECIDE DI SISTEMARLO NELLA SUA SOFFITTA, PER QUESTO È MOLTO SODDISFATTO.

LEGGI LE DOMANDE E COLORA LE FORME CHE SECONDO TE CONTENGONO LE RISPOSTE CORRETTE.

E TU DI SOLITO COME TI COMPORTI? SAI ESSERE GENTILE CON I TUOI AMICI? IN QUALI OCCASIONI TI SENTI SODDISFATTO DI TE STESSO?

QUANDO DIFENDO I PIÙ DEBOLI.

QUANDO PROVOCO QUALCUNO.

QUANDO RIESCO AD ESEGUIRE UN COMPITO DIFFICILE.

QUANDO PICCHIO UN COMPAGNO.

QUANDO MALTRATTO UN ANIMALE.

QUANDO AIUTO UN ANIMALE.

QUANDO PRENDO IN GIRO UN COMPAGNO.

QUANDO DIFENDO UN COMPAGNO.

QUANDO FACCIO DEL BENE AD UN AMICO.

QUANDO IGNORO UN AMICO.

IL GATTINO

Leo è spaventato dall'atteggiamento di Paolo che si comporta in modo aggressivo con lui intimandogli di scendere dall'altalena quando invece potrebbe chiederglielo con gentilezza. Leo è anche molto in pena per il gattino, vorrebbe aiutarlo ma non sa come fare. Alla fine riesce a trovare una soluzione e decide di sistemarlo nella sua soffitta, per questo è molto soddisfatto.

Leggi le domande e colora le forme che secondo te contengono le risposte corrette.

E tu di solito come ti comporti? Sai essere gentile con i tuoi amici? In quali occasioni ti senti soddisfatto di te stesso?

Quando difendo i più deboli.

Quando provoco qualcuno.

Quando riesco ad eseguire un compito difficile.

Quando picchio un compagno.

Quando maltratto un animale.

Quando aiuto un animale.

Quando prendo in giro
un compagno.

Quando difendo un compagno.

Quando faccio del bene ad un amico.

Quando ignoro un amico.

Fai una crocetta accanto alla risposta corretta.

1.Dove si diedero appuntamento Edo e Leo?

☐ A casa di Edo.

☐ A casa di Leo.

☐ Al centro sportivo.

2.Cosa fece Leo non appena arrivò al centro sportivo?

☐ Salì sullo scivolo.

☐ Salì sull'altalena.

☐ Si unì ad un gruppo di bambini che giocavano a palla.

3.Cosa successe quando Leo decise di salire sull'altalena?

☐ Arrivò Edo e lo salutò.

☐ Paolo si piazzò di fronte a lui e gli disse di scendere.

☐ Paolo gli chiese cortesemente di scendere dall'altalena.

4.Cosa avrebbe potuto fare Paolo invece di far scendere Leo dall'altalena?

☐ Chiedere se poteva lasciarlo salire e/o attendere il suo turno .

☐ Chiamare sua madre per risolvere il problema.

☐ Lasciare Leo sull'altalena e salire sullo scivolo.

5.Come giudichi il comportamento di Paolo nei confronti del gattino?

☐ Si è comportato male, gli animali vanno rispettati.

☐ Stava solo giocando, è divertente fare i dispetti agli animali.

☐ Non ha fatto nulla di male, gli animali non sono persone.

6.Cosa pensi dell'idea di Leo di nascondere il gattino in soffitta?

☐ E un'ottima idea, lo avrei fatto anch'io!

☐ Avrebbe dovuto parlarne con sua madre invece di nasconderlo.

☐ Avrebbe dovuto lasciare il gattino dove stava.

CRUCIVERBA

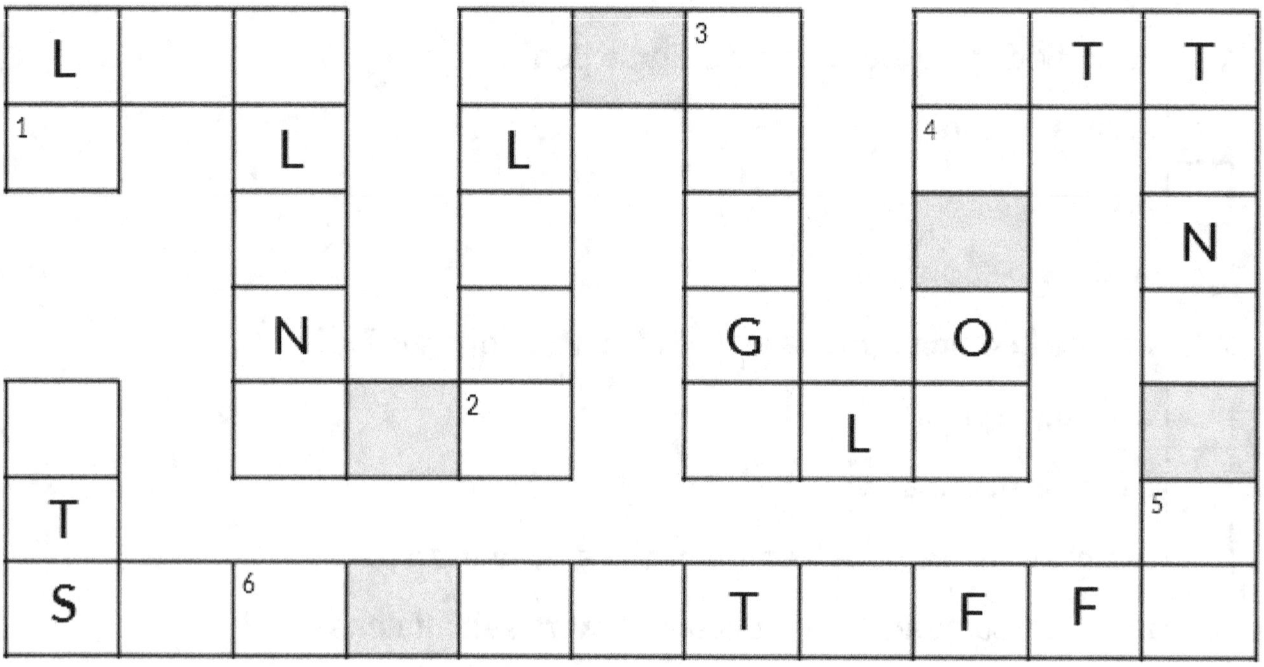

DEFINIZIONI

1. Vi sale Leo non appena arriva al parco.
2. Ordina a Leo di scendere dall'altalena.
3. Lo sente Leo ad un tratto.
4. Spunta dalla chioma dell'albero.
5. Il luogo in cui decidono di nascondere il gattino.
6. Vi ripongono il gattino per farlo stare comodo.

IL GATTINO

Leggi attentamente e metti in ordine le frasi scrivendo i numeri corrispondenti nei quadratini.

Proprio in quel momento arrivò Edo, così non pensai più al miagolio e ci dirigemmo verso il gruppo dei nostri amici.

Subito dopo arrivò Paolo e si piazzò davanti a me con aria minacciosa dicendomi di scendere.

A quel punto, intimorito scesi dall'altalena e mi avvicinai a mia madre quando ad un tratto sentii un miagolio.

Gli feci notare che c'erano altre altalene libere ma lui con aria aggressiva mi rispose che voleva proprio quella.

Io ed Edo ci eravamo accordati per incontrarci al centro sportivo dopo la scuola. Arrivai là con un certo anticipo e salii sull'altalena per aspettare Edo.

CRUCIVERBA

DEFINIZIONI

1. Vi sale Leo non appena arriva al parco.

2. Ordina a Leo di scendere dall'altalena.

3. Lo sente Leo ad un tratto.

4. Spunta dalla chioma dell'albero.

5. Il luogo in cui decidono di nascondere il gattino.

6. Vi ripongono il gattino per farlo stare comodo.

IL GATTINO

Leo è spaventato dall'atteggiamento di Paolo che si comporta in modo aggressivo con lui, intimandogli di scendere dall'altalena quando invece potrebbe chiederglielo con gentilezza. Inoltre è molto in pena per il gattino, vorrebbe aiutarlo ma non sa come fare, per fortuna alla fine riesce a trovare una soluzione, decide di sistemarlo nella sua soffitta e per questo è molto soddisfatto.

Ti è mai capitato che qualcuno ti prendesse in giro o che facesse il prepotente con te? Racconta brevemente.

....

....

....

Ti sei mai sentito soddisfatto per aver trovato una soluzione ad un problema che ti preoccupava?

....

....

....

E tu normalmente quando ti senti soddisfatto?

Completa delle frasi a scelta oppure aggiungine altre.

Mi sento soddisfatto quando:

Aiuto ....

Ascolto ....

Riesco a ....

Rispondo in modo educato a ....

Rispetto ....

Vengo lodato da ....

Imparo ....

....

....

....

4 MARZO 2015
Una soluzione temporanea.

— Sveglia Leo! È ora di alzarsi.

— Non mi sento molto bene mamma, posso rimanere a casa?

— Cosa ti senti Leo?

— Mi fa male la testa...

Mia madre mi mise una mano sulla fronte per sentirmi la temperatura e, visto che la mia fronte era evidentemente fredda mi disse: — Non hai la febbre, puoi andare a scuola, se dovessi star male dillo alla maestra, in tal caso verrò a prenderti.

In realtà da bravo birichino, stavo benissimo. Dovevo solo controllare il gattino che avevo nascosto in soffitta, ma il mio piano era miseramente fallito, così a malincuore dovetti andare a scuola. Entrai in classe e non appena Edo mi vide mi corse incontro chiedendomi:

— Come sta Minù?

— Sssst... Edo qualcuno potrebbe sentirci e... allora sì che passeremmo veramente dei guai. Mi è stato impossibile salire in soffitta questa mattina.

— Povero gattino... rimarrà senza cibo! Dobbiamo trovare un posticino per Minù, che ne dici della casa sull'albero di mia cugina Giudy? Potremmo proporglielo!

— Ottima idea, perché non ci abbiamo pensato prima?

— È vero... oggi la chiamerò e le dirò che andremo a giocare da lei, così le proporremo di ospitare Minù!

— Ok, affare fatto!

— Fatti trovare a casa mia dopo la scuola!

Nel pomeriggio dopo la scuola, andai da Edo prima del previsto, suonai alla porta e la signora Stella mi accolse con la sua solita cordialità, facendomi accomodare sul grande divano della sala.

— Vuoi un gelato? — Disse con il suo solito sorriso cordiale.
— No grazie, non si offenda, ma ho fatto merenda poco fa.
Normalmente avrei accettato, ma in quel momento ero ansioso di esporre a Giudy la nostra idea e il resto per me passava in secondo piano; mentre riflettevo arrivò Edo.

— Allora andiamo a casa di Giudy?
— Certo, sono pronto!

Arrivati da Giudy suonammo alla porta e venne ad aprirci la signora Elsa.

— Buongiorno, siete venuti a giocare con Giudy? Forza entrate!
In quel mentre Giudy si precipitò giù dalle scale urlando:
— Ah finalmente siete arrivati!
— Ciao Giudy, allora andiamo fuori a giocare un po'? — propose Leo.
Lei guardò sua madre e le chiese:
— Posso uscire mamma?
— Vai pure, non ti preoccupare. — Rispose dolcemente sua madre.

Uscimmo di casa e le raccontammo quanto era accaduto nei giorni passati riguardo al ritrovamento del gattino, che ora si trovava nascosto nella mia soffitta, quindi le esponemmo il nostro piano.

— Quindi vorreste che la nostra casa sull'albero diventasse la **dimora** del gattino? — Disse Giudy con aria preoccupata e incredula.
— Sì! — Risposi prontamente io.
— Ti prego Giudy, è una cosa importante, potremmo salvargli la vita! — Aggiunse Edo.
— Avete pensato che i miei genitori potrebbero scoprire che ho fatto salire anche Leo nella casetta sull'albero e dovremmo dire addio al no-

stro segreto? Inoltre passeremo dei guai per via del gattino.

— Certo, ma dobbiamo correre questo rischio per il suo bene! — Risposi io.

Giudy si fermò a riflettere un attimo, guardò la grande quercia e poi disse:

— Voglio vederlo subito, dai, non c'è tempo da perdere e non dobbiamo farci scoprire!

— Ok, andiamo subito a casa mia, abbiamo un'ora di tempo, poi tornerà mia madre.

Uscimmo di soppiatto dal giardino di Giudy e ci dirigemmo tutti e tre di corsa verso casa mia, entrammo e velocemente salimmo in soffitta. Non appena Giudy vide Minù lo prese in braccio dolcemente e il gattino contraccambiò la sua dolcezza facendole le **fusa**.

— Ma è meraviglioso! Mi avete convinto, lo terremo nella nostra casa sull'albero, ora però andiamocene prima che torni tua madre e la mia si accorga che non siamo in giardino.

Il mio cuore era colmo di gioia ed anche Edo appariva visibilmente felice, il gattino era momentaneamente al sicuro e per ora non dovevamo più preoccuparcene. Mi agitava comunque il fatto che stavo facendo una cosa che sicuramente mi avrebbe procurato dei guai e che forse avrebbe causato problemi anche a Giudy e a Edo.

GLOSSARIO:

DIMORA: casa
FUSA: suono emesso dai gatti.

UNA SOLUZIONE TEMPORANEA

OSSERVA ATTENTAMENTE L'IMMAGINE E DESCRIVILA CON UNA

BREVE DIDASCALIA SPIEGANDO COSA STA SUCCEDENDO.

....

....

....

....

....

UNA SOLUZIONE TEMPORANEA

Osserva attentamente l'immagine e descrivila con una breve didascalia spiegando cosa sta succedendo.

....

....

....

....

....

....

LEGGI ATTENTAMENTE.

LEO FINGE DI STARE MALE PER NON ANDARE A SCUOLA.

IN REALTÀ STA BENE, VUOLE SOLO CONTROLLARE IL GATTINO.

LA MAMMA LO MANDA A SCUOLA UGUALMENTE.

LEO PROPONE A GIUDY DI TENERE IL GATTINO NELLA CASETTA.

GIUDY DOPO AVER VISTO IL GATTINO ACCETTA.

RISPONDI

1. PERCHÉ LEO FINGE DI STAR MALE?

....

2. COSA VUOLE FARE IN REALTÀ LEO?

....

3. COSA DECIDE DI FARE LA MAMMA?

....

4. COSA PROPONE LEO A GIUDY?

....

5. COME SI CONCLUDE IL RACCONTO?

....

CRUCIVERBA

1		N					
2		G					
3	R		D	D			
4			C		R		
5		R	D			L	
6		C	R		D		L

DEFINIZIONI

1 IL NOME DEL GATTINO.

2 LEO PER RIMANERE A CASA DA SCUOLA DICE UNA...

3 LA FRONTE DI LEO È...

4 EDO PROPONE A GIUDY DI USCIRE A...

5 COM'È IL SORRISO DELLA MAMMA DI EDOARDO?

6 QUANDO EDO E LEO LE SPIEGANO IL PIANO GIUDY È...

UNA SOLUZIONE TEMPORANEA

Leo finge di stare male per non andare a scuola.

In realtà sta bene, vuole solo controllare il gattino.

La mamma lo manda a scuola ugualmente.

Leo propone a Giudy di tenere il gattino nella

casetta. Giudy dopo aver visto il gattino accetta.

RISPONDI

1. Perché Leo finge di star male?

....

2.Cosa vuole fare in realtà Leo?

....

3. Cosa decide di fare la mamma?

....

4. Cosa propone Leo a Giudy?

....

5.Come si conclude il racconto?

....

....

CRUCIVERBA

1		N						
2		G						
3		R		D	D			
4				C		R		
5			R	D			L	
6			C	R		D		L

DEFINIZIONI

1 Il nome del gattino.

2 Leo per rimanere a casa da scuola dice una...

3 La fronte di Leo è...

4 Edo propone a Giudy di uscire a...

5 Com'è il sorriso della mamma di Edoardo?

6 Quando Edo e Leo le spiegano il piano Giudy è...

Ora trasforma le parole che hai inserito nel cruciverba in stampato maiuscolo e scrivile nelle righe sottostanti.

....

....

....

....

....

UNA SOLUZIONE TEMPORANEA

COLORA LE 10 PAROLE ORIZZONTALI PRESENTI NELLO SCHEMA POI SCEGLINE ALCUNE E CON OGNUNA DI ESSE COMPONI UN PENSIERO.

G	A	T	T	I	N	O	U	O	G
A	L	B	E	R	O	F	U	S	A
R	T	S	O	F	F	I	T	T	A
S	E	G	R	E	T	O	K	O	I
F	G	I	A	R	D	I	N	O	G
M	I	N	Ù	G	I	U	D	Y	D
U	L	F	E	B	B	R	E	R	G
G	S	C	U	O	L	A	R	W	X

I MIEI PENSIERI

....

....

....

....

....

....

....

....

UNA SOLUZIONE TEMPORANEA

Colora le 10 parole orizzontali presenti nello schema poi scegline alcune e con ognuna di esse componi un pensiero.

G	A	T	T	I	N	O	U	O	G
A	L	B	E	R	O	F	U	S	A
R	T	S	O	F	F	I	T	T	A
S	E	G	R	E	T	O	K	O	I
F	G	I	A	R	D	I	N	O	G
M	I	N	U	G	I	U	D	Y	D
U	L	F	E	B	B	R	E	R	G
G	S	C	U	O	L	A	R	W	X

I MIEI PENSIERI

....

....

....

....

....

....

....

....

UNA SOLUZIONE TEMPORANEA

LEO È PREOCCUPATO PER MINÙ, HA PAURA CHE SUA MADRE LO SCOPRA MA NON SA COME RISOLVERE IL PROBLEMA. È ANSIOSO PERCHÉ TEME DI NON RIUSCIRE AD AIUTARE IL GATTINO.
SPESSO SIAMO ANSIOSI QUANDO NON SAPPIAMO COSA SUCCEDERÀ O QUANDO ABBIAMO PAURA DI NON ESSERE CAPACI DI FARE QUALCOSA.

SCRIVI NELLE FORME QUALI SITUAZIONI TI CREANO UNO STATO D'ANSIA. ES: UN DETTATO, ANDARE ALLA LAVAGNA ECC.

COLORA IL TERMOMETRO IN BASE AL LIVELLO DI ANSIA CHE PROVI IN ALCUNE SITUAZIONI PARTICOLARI.

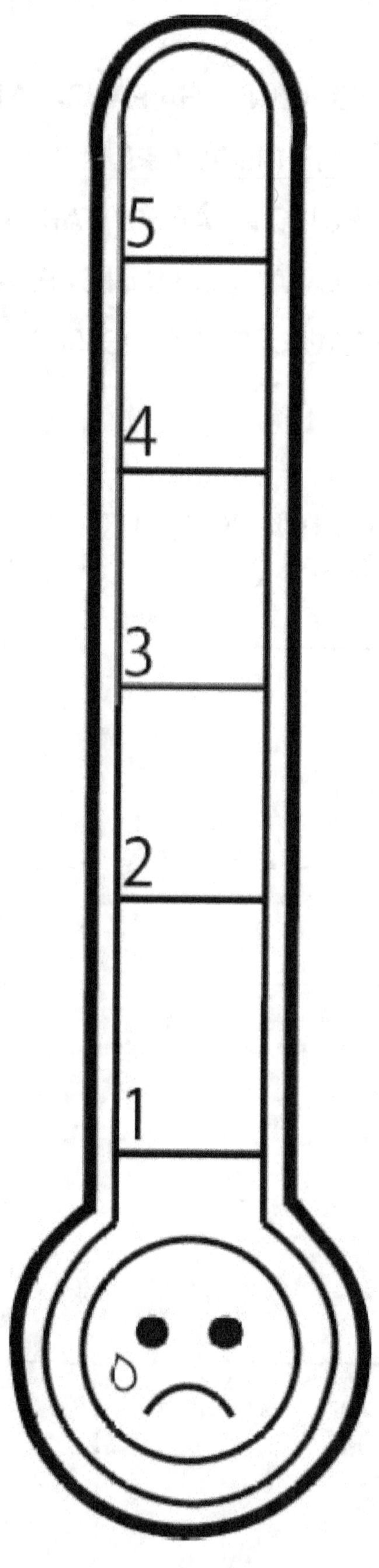

UNA SOLUZIONE TEMPORANEA

Leo è preoccupato per Minù, ha paura che sua madre lo scopra ma non sa come risolvere il problema, è ansioso perché teme di non riuscire ad aiutare il gattino.

Spesso siamo ansiosi quando non sappiamo cosa succederà o quando abbiamo paura di non essere capaci di fare qualcosa.

Scrivi nelle forme quali situazioni ti creano uno stato d'ansia.

Es: un dettato, andare alla lavagna ecc.

Colora il termometro in base al livello di ansia che provi in alcune situazioni particolari.

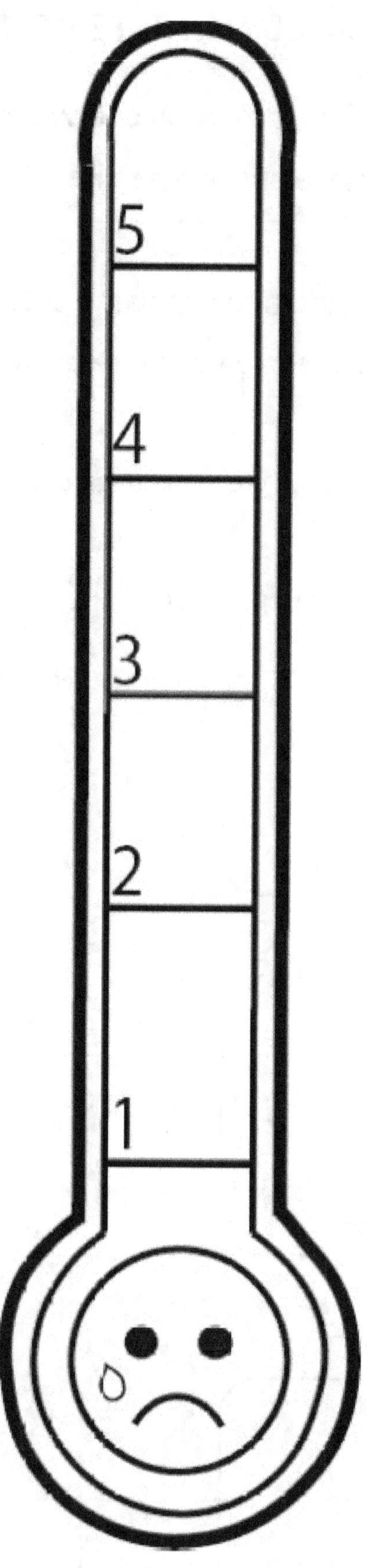

UNA SOLUZIONE TEMPORANEA

Fai una crocetta accanto alla risposta corretta.

1.Perché Leo finse di non sentirsi bene?

- [ ] Non aveva voglia di andare a scuola.
- [ ] Non aveva fatto i compiti.
- [ ] Voleva controllare il gattino.

2.Cosa gli rispose la mamma?

- [ ] Di rimanere a casa.
- [ ] Di misurare la temperatura.
- [ ] Di andare a scuola e se fosse stato male sarebbe andata a prenderlo.

3.Cosa propose Edo a Leo per risolvere il problema del gattino?

- [ ] Di parlarne con i loro genitori.
- [ ] Di portarlo in un gattile.
- [ ] Di sistemarlo nella casetta sull'albero di Giudy.

4.Come reagì Giudy alla loro proposta?

- [ ] Pensò che la casetta sull'albero non fosse il posto adatto per un gattino.
- [ ] Pensò che i suoi genitori avrebbero potuto scoprirlo.
- [ ] Pensò che fosse un'ottima idea.

5.Come si conclude il racconto?

- [ ] Giudy decise di accettare la proposta.
- [ ] I tre amici decisero di raccontare tutto ai loro genitori.
- [ ] Giudy decise di non accettare la proposta .

6.Tu cosa avresti fatto se ti fossi trovato in una situazione simile?

- [ ] Ne avrei parlato con i miei genitori.
- [ ] Avrei accettato la proposta come ha fatto Giudy.
- [ ] Non avrei accettato la proposta.

UNA SOLUZIONE TEMPORANEA

Colora le 10 parole orizzontali presenti nello schema utilizzando diverse tinte, poi inseriscile nel testo al posto giusto.

G	A	T	T	I	N	O	U	O	G
A	L	B	E	R	O	W	Y	L	A
R	T	S	O	F	F	I	T	T	A
N	A	S	C	O	N	D	E	R	E
R	E	D	S	S	G	I	U	D	Y
U	L	F	E	B	B	R	E	R	G
C	A	S	A	S	C	U	O	L	A
A	S	C	A	S	E	T	T	A	Q

Leo finge di avere la .... per non andare a

....

In realtà vuole rimanere a .... per andare in

.... a controllare il ....

Nel pomeriggio Edo e Leo vanno a casa di .... e le

propongono di .... Minù nella ....

sull' ....

UNA SOLUZIONE TEMPORANEA

Leo è preoccupato per il gattino, ha paura che sua madre lo scopra e non sa come risolvere il problema. È ansioso perché teme di non riuscire ad aiutarlo.

Spesso siamo ansiosi quando non sappiamo cosa succederà o quando pensiamo di non essere capaci di fare qualcosa.

Completa la filastrocca inserendo le parole che trovi in fondo alla pagina e rispondi alle domande.

L'ANSIA

L'ansia è sorella della paura

quando la provi non ti senti ....

se una verifica devi eseguire

ti sembra di non ....

pensi di non essere capace di fare

e continui a ....

invece di trovare una soluzione

e risolvere la ....

CAPIRE   CANCELLARE   SITUAZIONE   SICURA

Cosa dice la filastrocca? Cosa ne pensi? Sei d'accordo?

Io ed Edo pensammo che per sfamare il gattino avremmo potuto raccogliere il cibo avanzato della mensa. Quel giorno c'erano le polpette di carne come secondo piatto, il cibo ideale per Minù. Avevo chiesto il permesso alla maestra di prendere gli avanzi e di riporli in un contenitore, in modo tale da poterli dare ai gatti randagi che **bazzicavano** nella mia via. Ovviamente era una bugia, pensai: "Sarà giusto dirla a fin di bene?"

Mentre io ed Edo passavamo tra i tavoli della mensa per raccogliere il cibo, gli dissi:

— A che ora ci troviamo oggi da Giudy?

— Sssst, abbassa la voce! Qualcuno potrebbe scoprire il nostro segreto!

Proprio in quel momento Paolo ci bloccò piazzandosi davanti a noi.

— Cosa fate! Come mai raccogliete gli avanzi!? — Chiese con aria minacciosa.

— Raccogliamo gli avanzi per i gatti randagi che circolano nella mia via. — Risposi io.

— Gatti randagi? Ti ricordo, che abito non molto lontano da te e non ne ho mai visto uno... Qui gatta ci cova... cosa mi nascondete?

— Sai Paolo, forse tu non li hai mai visti ma noi sì. — disse Edo.

— Se tu la smettessi di prenderli a pallonate, li vedresti anche vicino a casa tua! Aggiunse Leo.

— Se lo dite voi... ma io non ci credo! Vi terrò d'occhio!

Richiusi in fretta il contenitore che ormai era pieno e aggirando Paolo tornammo al nostro tavolo, mentre lui ci osservava con aria interrogativa e per nulla convinto delle nostre risposte. Vidi sul suo volto trasparire un sorriso alquanto strano e malevolo, quell'espressione non mi piaceva per niente.

Dopo la scuola corsi a casa di Edo e come eravamo d'accordo andammo da Giudy. Salimmo sull'albero ed entrammo nella casetta, poi riempimmo la ciotola con gli avanzi del cibo che avevamo raccolto. Non appena Minù ne sentì il profumo vi si gettò sopra, divorandoli in pochissimo tempo. Dopo avergli dato dell'acqua giocammo un po' con lui. Stavamo scendendo dall'albero quando, ad un tratto sentimmo una voce che ben conoscevamo...

— Ehi che fate lassù?

Era Paolo che sicuramente ci aveva spiato e ora aveva letteralmente infilato la sua faccia tra le sbarre del cancello guardando verso di noi.

— Eccoli qui i miei amici, ah ah ah, pensavate di farla franca... Vi ho sentiti oggi in mensa e ho pensato di spiarvi. Di quale segreto stavate parlando? Cosa c'è su quell'albero... su! Cosa nascondete eh... parlate!

— Nulla! Abbiamo fatto una gara a chi arrivava prima in cima. Ricordati che questa è casa mia e non hai il permesso di venire qui per fare lo sbruffone!— Disse prontamente Giudy

con tono secco e irritato.

— Sarà! Non mi convinci, affatto! Voi avete l'aria di chi è stato colto su fatto!

Ad un tratto Minù miagolò e con tre balzi scese dall'albero.

— Bene, bene! Ecco cosa nascondevate, non vedo l'ora di dirlo a tutti, così quello stupido gattino tornerà da dove è venuto e voi prenderete un bel castigo!

Giudy prontamente rispose:
— Gli unici che possono darmi un castigo sono i miei genitori non di certo tutti, tantomeno tu che sei venuto a spiarci in casa mia!

A quel punto se ne andò visibilmente irritato. Per fortuna non aveva scoperto la casa sull'albero, almeno quello sarebbe rimasto il nostro segreto.

— Cosa facciamo? — Chiese Edo mentre Minù si strusciava sulle gambe di Giudy facendo le fusa.
— Dobbiamo dire la verità! — rispose Giudy.
— La verità su cosa? Questo gattino da dove arriva Giudy? — Ci interruppe Elsa con tono serio, che nel frattempo era uscita di casa e si era avvicinata a noi per chiederci se volevamo fare merenda. Giudy lo prese in braccio poi lo diede a sua madre, raccontandole tutta la vicenda.
— Avete fatto un bel gesto nei confronti di questo povero gattino bisognoso di aiuto, ma di certo non avete agito nel modo giusto. Giudy, non solo hai nascosto un gattino sull'albero mentendomi, ma hai fatto salire anche Leonida nella casetta con il rischio che si facesse male; per questo motivo avrai una punizione! Comunque ora dobbiamo pensare al gattino, io non me la sento di tenerlo qui ed escludo che tua madre possa farlo Edo. Entrambi sappiamo come la pensa ma, forse tu Leo,

potresti chiederlo a tua madre; se non ricordo male, tempo fa amava molto i gatti... fai un tentativo.

— Non credo accetterà, si arrabbierà molto quando saprà che l'ho nascosto in soffitta e che ho detto bugie a lei e alla maestra coinvolgendo anche altri miei amici!

— Questo è certo... ma bisogna fare qualcosa per questo gattino, se vuoi le parlo io.

— La ringrazio molto, va bene, proviamoci...

Così tutti insieme andammo a casa mia, la mamma ci fece entrare, quel giorno indossava la sua maglietta preferita; era in filo di Scozia blu che le cingeva le spalle, abbinata a dei semplici pinocchietti a vita alta in Jeans, il tutto rendeva la sua corporatura esile molto elegante. Ai piedi portava dei sandaletti bassi. I capelli castani, dai riflessi rossi, erano raccolti in un morbido **chignon** che lasciava sfuggire qualche ciocca a contornare il volto dai lineamenti **armoniosi** e delicati con un sorriso costantemente dolce. Incredula ascoltò il racconto della signora Elsa.

— Non credo alle mie orecchie... Leo! Per punizione rimarrai in casa una settimana; uscirai solamente per andare a scuola e adesso vai in camera tua e rimani lì finché non ti chiamo!

Così salutai i miei amici e ringraziai la signora Elsa, poi andai in camera mia e cominciai a piangere disperatamente, non tanto per la meritata punizione ma per il gattino. Me l'aspettavo. Mia madre è così: severa e decisa, anche se a giudicare dal suo aspetto esteriore non si direbbe; è sempre pronta ad aiutarmi e ad indicarmi la giusta strada da percorrere affinché io cresca forte e combattivo ma, anche onesto e leale. Per questo quando si arrabbia non la contrasto mai.

Mentre riflettevo su ciò che avevo fatto mettendo nei guai anche i miei amici, mia madre entrò nella mia camera e mi disse:

— Considerato che hai fatto tutto per il bene di quel gattino, ho deciso che ti perdono. Minù entrerà a far parte della nostra famiglia ad un patto però... che tu ti prenda cura di lui dandogli giornalmente acqua, cibo e tenendo anche la lettiera pulita. Inoltre domani andrai a scuola e ti scuserai con l'insegnante per averla ingannata! Ora promettimi che non dirai più bugie!

Non credevo alle mie orecchie, pensavo fosse un sogno, ma quando realizzai che era tutto vero, abbracciai e baciai mia madre piangendo a dirotto per la gioia; dopodiché le chiesi scusa per averla ingannata e le promisi che l'indomani l'avrei fatto anche con la maestra. Credo che quello sia stato uno dei giorni più emozionanti della mia vita!

GLOSSARIO:

BAZZICAVANO: giravano da quelle parti.
CHIGNON: acconciatura raccolta, con capelli annodati sulla nuca.
ARMONIOSI: ben proporzionati, dolci.

UN FINALE A SORPRESA

ASCOLTA ATTENTAMENTE LA LETTURA DELL'INSEGNANTE E COLORA VANESSA SEGUENDO LE SUE INDICAZIONI.

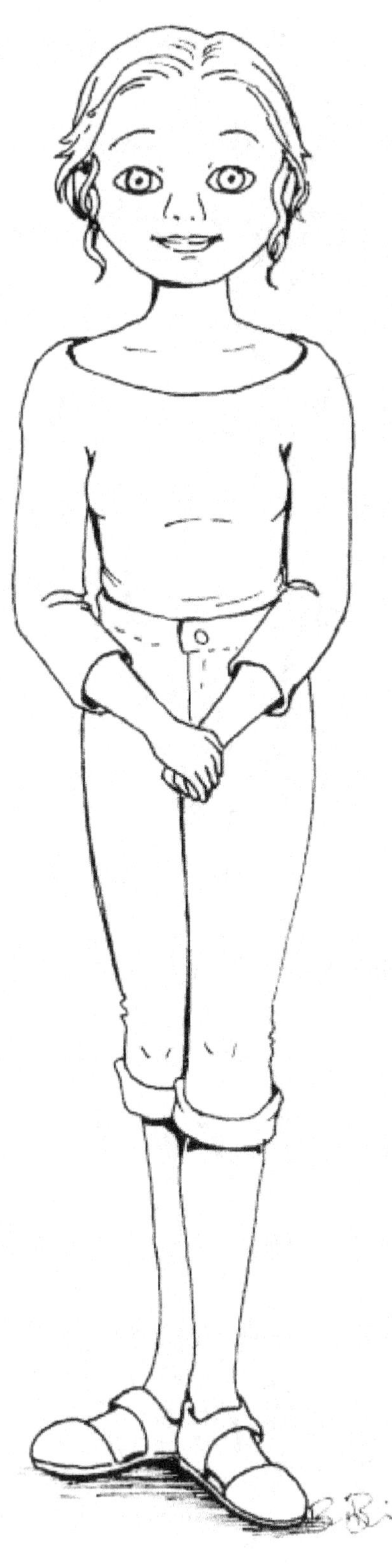

UN FINALE A SORPRESA

Ascolta attentamente la lettura dell'insegnante e colora Vanessa seguendo le sue indicazioni.

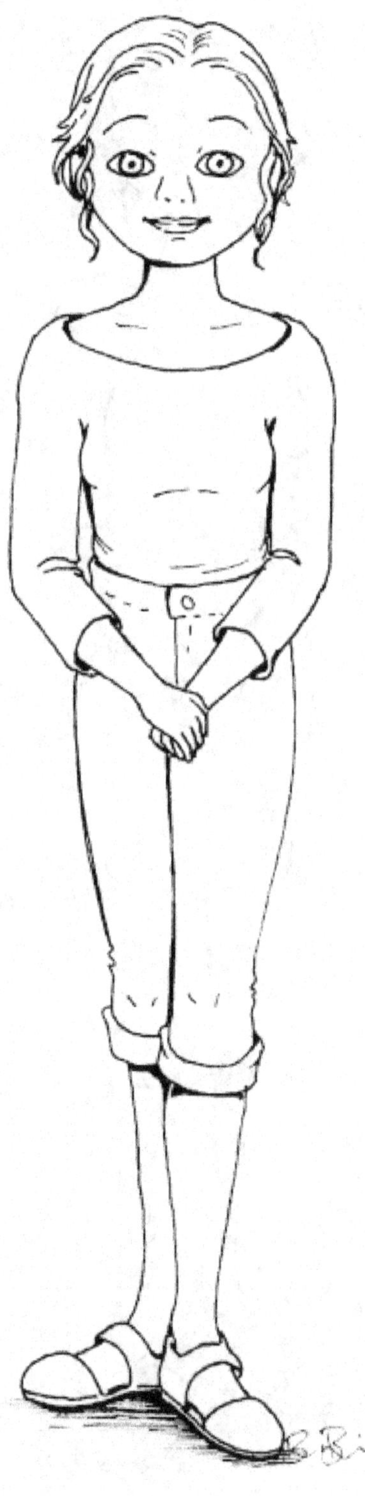

VANESSA

LA MAMMA DI LEO SI CHIAMA VANESSA.

È SEVERA E DECISA, PICCOLA ED ESILE.

I SUOI LINEAMENTI SONO DELICATI.

IL SUO SORRISO È DOLCE.

È SEMPRE PRONTA AD AIUTARE LEO.

RISPONDI

1. COME SI CHIAMA LA MAMMA DI LEO?

....

....

2. COM'È?

....

....

3. COME SONO I SUOI LINEAMENTI?

....

....

4. COM'È IL SUO SORRISO?

....

....

5. COME SI COMPORTA CON LEO?

....

....

CRUCIPUZZLE

TROVA LE 6 PAROLE (AGGETTIVI) CHE DESCRIVONO LA MAMMA DI LEO, VANESSA

POI SCEGLINE 3 E SCRIVI UNA FRASE CON OGNUNA DI ESSE.

E	S	I	L	E	E	B	V	N	M	V
S	Q	D	F	P	I	C	C	O	L	A
E	L	E	G	A	N	T	E	B	E	V
F	G	D	E	L	I	C	A	T	A	B
F	D	E	S	E	V	E	R	A	G	H
D	E	C	I	S	A	W	X	B	M	N

ORA SCRIVI LE TRE FRASI.

....

....

....

....

....

....

....

....

....

VANESSA

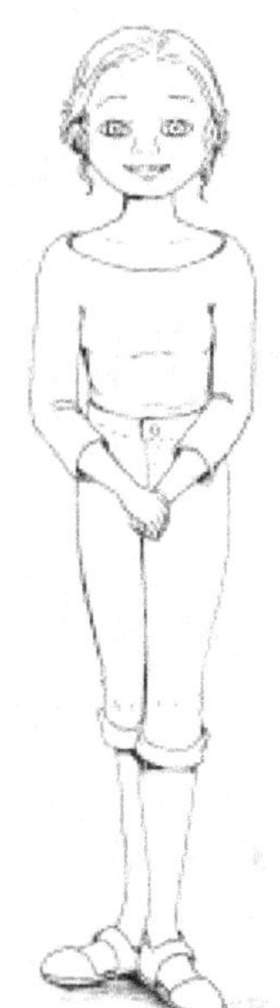

La mamma di Leo si chiama Vanessa.

È severa e decisa, piccola ed esile.

I suoi lineamenti sono delicati.

Il suo sorriso è dolce.

È sempre pronta ad aiutare Leo.

RISPONDI

1. Come si chiama la mamma di Leo?

....

2. Com'è?

....

3. Come sono i suoi lineamenti?

....

4. Com'è il suo sorriso?

....

5. Come si comporta con Leo?

....

....

CRUCIPUZZLE

Trova le 6 parole (aggettivi) che descrivono la mamma di Leo, Vanessa, poi scegline 3 e scrivi una frase con ognuno di esse.

E	S	I	L	E	E	B	V	N	M	V
S	Q	D	F	P	I	C	C	O	L	A
E	L	E	G	A	N	T	E	B	E	V
F	G	D	E	L	I	C	A	T	A	B
F	D	E	S	E	V	E	R	A	G	H
D	E	C	I	S	A	W	X	B	M	N

Ora scrivi le tre frasi.

....

....

....

....

....

....

....

....

....

....

....

1		A		S		R	
2			N				
3				D			
4			T			N	
5				L			
6			L	Z			
7					S	S	

DEFINIZIONI

1. A CHI RACCONTA UNA BUGIA LEO PER IL BENE DEL GATTINO?

2. DOVE RACCOLGONO IL CIBO PER SFAMARLO?

3. DA CHI VANNO DOPO LA SCUOLA I DUE AMICI?

4. CHI HANNO NASCOSTO SULL'ALBERO?

5. CHI OSSERVA I TRE AMICI MENTRE SCENDONO DALL'ALBERO ?

6. NE FA TRE MINÙ PER SCENDERE DALL'ALBERO.

7. ALLA FINE PERDONA LEO.

UN FINALE A SORPRESA

1		A		S		R	
2			N			
3				D		
4			T			N	
5				L		
6			L	Z		
7					S	S	

DEFINIZIONI

1. A chi racconta una bugia Leo per il bene del gattino?

2. Dove raccolgono il cibo per sfamarlo?

3. Da chi vanno dopo la scuola i due amici?

4. Chi hanno nascosto sull'albero?

5. Chi osserva i tre amici mentre scendono dall'albero?

6. Ne fa tre Minù per scendere dall'albero.

7. Alla fine perdona Leo.

UN FINALE A SORPRESA

LEO PIANGE, È DISPERATO, SUA MADRE È ARRABBIATA CON LUI E L'HA PUNITO, ORMAI HA PERSO OGNI SPERANZA PER QUEL GATTINO, MA INASPETTATAMENTE LA MAMMA GLI COMUNICA CHE LO TERRANNO. LA SUA DISPERAZIONE SI TRASFORMA IN STUPORE.

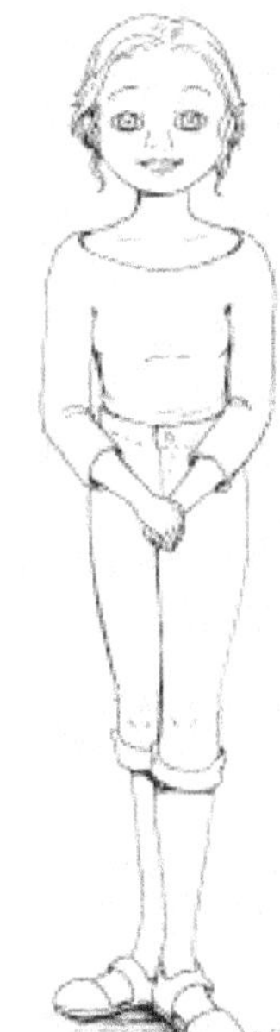

RISPONDI

E TU HAI MAI FATTO ARRABBIARE I TUOI GENITORI?

....

PERCHÉ?

....

....

TI HANNO PUNITO? COME?

....

....

COME TI SEI SENTITO?

....

....

UN FINALE A SORPRESA

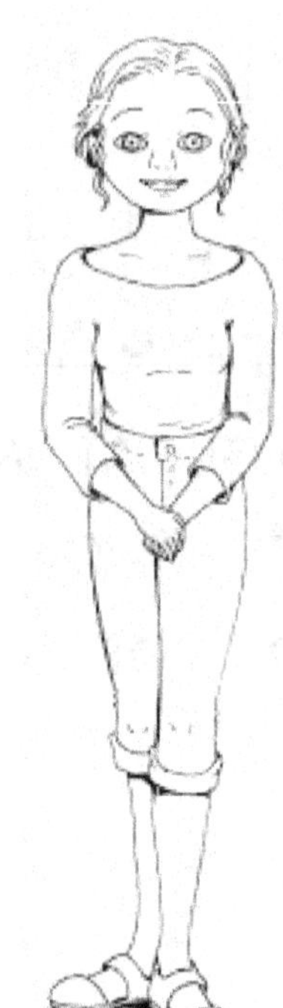

Leo piange, è disperato, sua madre è arrabbiata con lui e l'ha punito, ormai ha perso ogni speranza per quel gattino ma inaspettatamente la mamma gli comunica che lo terranno. La sua disperazione si trasforma in stupore.

RISPONDI

E tu hai mai fatto arrabbiare i tuoi genitori?

....

Perché?

....

....

Ti hanno punito? Come?

....

....

Come ti sei sentito?

....

....

Fai una crocetta accanto alla risposta corretta.

1.Cosa pensarono di fare Edo e Leo per sfamare il gattino?

☐ Raccogliere il cibo avanzato della mensa.

☐ Comprare una scatoletta di carne.

☐ Comprare dei croccantini.

2.Chi arrivò nel giardino di Giudy mentre i tre scendevano dall'albero?

☐ Andrea.

☐ Letizia.

☐ Paolo.

3.Cosa successe quando Paolo se ne andò?

☐ Elsa scoprì tutto e consigliò a Leo di parlarne con sua madre.

☐ Elsa scoprì tutto e disse loro che avrebbe tenuto il gattino.

☐ Elsa scoprì tutto e disse loro di portare Minù in un gattile.

4.Come reagì la mamma di Leo quando venne a sapere la verità?

☐ Non rimproverò Leo, lo perdonò e tenne il gattino.

☐ Rimproverò Leo, lo punì, poi gli disse che avrebbe tenuto il gattino.

☐ Rimproverò Leo poi gli comunicò che non avrebbe tenuto il gattino.

5.Che patti fece la mamma con Leo riguardo al gattino?

☐ Tenere sempre pulita la sua lettiera.

☐ Dargli giornalmente acqua e cibo.

☐ Dargli giornalmente acqua, cibo, tenere la lettiera pulita, scusarsi con l'insegnante per averla ingannata e non dire più bugie.

6.Come reagì Leo?

☐ Pianse per la gioia, chiese scusa alla mamma e l'abbracciò.

☐ Pianse perché non voleva chiedere scusa all'insegnante.

☐ Pianse perché la mamma lo aveva punito troppo severamente.

GIUDY RIMPROVERA PAOLO IN MALO MODO PER ESSERE VENUTO A CASA SUA A SPIARLI E LUI SE NE VA IRRITATO.

PAOLO LI SCOPRE E LORO SI GIUSTIFICANO DICENDO CHE PORTERANNO IL CIBO AI GATTI RANDAGI.

EDO E LEO RACCOLGONO GLI AVANZI DI CIBO IN MENSA PER SFAMARE IL GATTINO.

NEL POMERIGGIO I DUE AMICI VANNO A CASA DI GIUDY PER DARE IL CIBO AL GATTINO, SALGONO SULLA PIANTA ED ENTRANO NELLA CASETTA.

NEL FRATTEMPO IL GATTINO SCENDE E PAOLO SCOPRE LA VERITÀ, COSÌ MINACCIA DI DIRLO A TUTTI.

PAOLO NON CI CREDE E DICE LORO CHE LI TERRÀ D'OCCHIO.

DOPO AVER DATO IL CIBO AL GATTINO SCENDONO MA SENTONO LA VOCE DI PAOLO CHE GLI CHIEDE COSA STANNO FACENDO.

UN FINALE A SORPRESA

CRUCIVERBA

DEFINIZIONI

1. La mamma di Leo, scoperta la verità, è arrabbiata e lo mette in...

2. Per punizione dovrà prendersi cura del gattino e tenere pulita la...

3. Scende dall'albero oltre ai tre amici mentre Paolo li osserva.

4. Elsa consiglia ai 3 amici di svelare a Vanessa il loro ...

5. Vanessa dice a Leo che lo perdona, ma dovrà scusarsi con la...

6. Leo promette che dirà sempre la...

7. Paolo coglie di sorpresa i tre amici mentre scendono dall'...

8. Si avvicina a Leo ed Edo in mensa mentre raccolgono polpette.

UN FINALE A SORPRESA

Leo piange, è disperato, sua madre è arrabbiata con lui e l'ha punito, ormai ha perso ogni speranza per quel gattino, ma inaspettatamente la mamma gli comunica che lo terranno. La sua disperazione si trasforma in stupore.

I SOGNI SON DESIDERI e quello di Leo si è avverato alla fine.

E tu hai dei sogni? Quali?

Scrivi nelle stelle tutto ciò che desideri.

15 MARZO 2015
Non tutto è come sembra

Quel giorno a scuola Paolo non c'era. La maestra disse che era ammalato e che sarebbe mancato per tutta la settimana. Tirai un sospiro di sollievo, finalmente avrei avuto un po' di pace, da quando era arrivato non aveva fatto altro che stuzzicarmi, farmi dispetti e comportarsi da bullo.

— Leonida, visto che Paolo abita vicino a te, ti andrebbe di portargli i compiti giornalmente? — Chiese la maestra.

Quelle parole mi colpirono come un fulmine a ciel sereno. Avevo gioito troppo presto, speravo di poter star tranquillo qualche giorno e invece no! L'avrei visto tutti i giorni lo stesso; sembrava quasi che la maestra cercasse di farci andare d'accordo a tutti i costi e invece ero sicuro che mi avrebbe trattato male e deriso come al solito, magari si sarebbe inventato chissà quale bugia per non fare i compiti, dando poi la colpa a me. Mentre pensavo mi accorsi che la maestra mi stava guardando con aria interrogativa, non capendo il motivo della mia **titubanza**.

— Leonida, hai sentito? Perché non mi rispondi?

— Sì, sì... ci andrò io! – Risposi automaticamente senza assicurarmi di rivolgermi in modo appropriato alla maestra e senza riuscire a trovare una motivazione valida per non accettare l'incarico. La mia felicità iniziale ad un tratto si era trasformata in ansia per la paura di affrontare Paolo da solo e per giunta a casa sua.

In lui ultimamente avevo percepito un voler essere al centro dell'attenzione imponendosi con supremazia e atti di bullismo come stava facendo con me. Il bullismo come mi spiegava mio padre è un comportamento spesso violento, che può essere verbale quando il bullo fa il prepotente minacciando e insultando, oppure fisico quando si comporta in modo aggressivo nei confronti dei più deboli o con qualcuno che lui considera diverso. Il bullo spesso tende a ripetere questi atteggiamenti per ottenere quello che vuole o per sentirsi pari agli altri. La sua vittima dovrebbe informare subito i genitori e gli insegnanti. Il bullo è spesso una persona che ha bisogno di essere aiutata e vive delle situazioni sociali e famigliari difficili.

Non avevo intenzione ancora di spiegare alla maestra e a mia madre che Paolo mi bullizzava, comunque ormai avevo acconsentito e non potevo tornare indietro.

— Se non dovessi andare a calcio verrei con te. — Tentò di confortarmi Edo.

— Non ti preoccupare, me la caverò! In caso, se qualche cosa dovesse andar storto, ne parlerò con la maestra e mia madre.

Tra studio e giochi la giornata scolastica terminò e finalmente arrivò il momento di tornare a casa.

— Ciao Leo tutto bene a scuola oggi? – Disse la mamma porgendomi una fresca macedonia di fragole per merenda.

— Grazie, ma non me la sento di mangiare.

— Come mai? Che cosa ti succede? Tu adori le fragole! Ti vedo turbato... tutto bene?

— Non ho fame mamma, ora devo andare a casa di Paolo a portargli i compiti. Sinceramente ho qualche titubanza in quanto con me non si è comportato bene, non vorrei **incappare** in qualche suo dispetto.

— Avete litigato? Dai, vedrai che le cose si aggiustano, tu sii sempre positivo e allegro anche con lui... a proposito, perché gli devi portare i compiti? È assente da scuola?

— Sì mamma cercherò di essere sempre educato e predisposto verso di lui. Comunque, sì, è assente da scuola per tutta la settimana e la maestra ha dato a me questo incarico.

— Ah ok, vai allora e ricordati le parole di tuo padre.

Presi il materiale e mi avviai verso casa sua; arrivato, suonai il campanello e mi aprì la porta sua madre una signora molto gentile che mi invitò ad entrare. Dentro di me pensai che aveva poco in comune con suo figlio, i suoi occhi azzurri erano dolci, sorridenti e mi misero subito a mio agio. Notai che la casa era piccola e con pochi mobili: uno scaffale un po' malandato e un tavolo vecchio con tre sedie anch'esse non propriamente nuove, un divano sul quale si trovava sdraiato il padre di Paolo, Umberto il quale si rivolse a me in maniera scontrosa:

— Cosa sei venuto a fare in questa casa? Senza la mia autorizzazione non si può venire!
Sentendomi molto a disagio a malapena riuscii a **farfugliare**:
— La-la... maestra mi ha assegnato... l'incarico di portare i compiti a suo figlio.

Prima che il padre riprendesse a parlare la signora Piera mi disse di andare nella camera di Paolo indicandomi una porta priva di maniglia. Fortunatamente era accostata, così la spinsi ed entrai, Paolo era steso sul suo letto con un orsacchiotto, appena mi vide entrare cercò invano di nasconderlo. Notai che la mia presenza l'aveva messo in imbarazzo, era chiaro che non si aspettava la mia visita e questo mi fece tenerezza. Compresi a fondo il motivo del suo comportamento verso di me e verso altri compagni di classe, si sentiva un emarginato a causa del suo stato sociale e del comportamento rude e despota del padre, al che io per alleviare il suo imbarazzo nell'essere stato scoperto con un orsacchiotto nel letto gli dissi:

— Sai, ne ho uno anch'io, si chiama Grissino e non me ne separo mai!
— Davvero? Anche tu ne hai uno? Quindi non ne parlerai con nessuno vero?

— Certo perché dovrei farlo, se vuoi questo sarà il nostro segreto! — Dopo di che gli diedi i compiti chiedendogli come si sentiva.

— Non molto bene, ho la febbre ma passerà alla svelta, spero. Grazie Leonida per avermi portato i compiti.

— Non mi è costato molto visto che abitiamo a pochi metri di distanza. Comunque puoi pure chiamarmi Leo invece di Leonida.

— Ti ringrazio, non pensavo di poterti chiamare Leo come invece fanno i tuoi amici.

Il bambino che avevo conosciuto all'inizio era ben diverso da quello che c'era adesso davanti a me. Lo salutai dicendogli che sarei tornato ogni giorno a portargli i compiti e lui sorrise **compiaciuto**, ero davvero felice e anche lui lo era. Prima che uscissi dalla sua camera Paolo disse:

— Scusa se mi sono comportato male nei tuoi confronti, ti piacerebbe diventare mio amico? Sai... non ho buoni amici a causa della mia situazione e mi piacerebbe averne.

— Certo! Ne sarei davvero felice, ma sappi che la tua situazione non è diversa da quella di tanti altri bambini, non hai nulla di cui vergognarti e con l'aiuto di buoni amici e parlandone, si possono superare moltissime difficoltà, comprese quelle che si possono avere in ambito famigliare. — Risposi io stringendogli la mano.

Dopodichè uscii dalla camera e salutando i genitori tornai a casa leggero e felice, mi sentivo davvero bene e mentre camminavo pensai alla frase che mi ripeteva spesso mio padre: "C'è sempre una soluzione ad ogni problema." ed io ne avevo appena risolto uno senza volerlo. Che bellezza, pensavo di essere vittima di un bullo e invece Paolo aveva solo il timore di non essere accettato per quello che era.

GLOSSARIO:

TITUBANZA: incertezza, esitazione.
INCAPPARE: imbattersi, incontrare.
FARFUGLIARE: dire qualcosa di poco chiaro, parlare in modo incomprensibile.
COMPIACIUTO: soddisfatto.

NON TUTTO È COME SEMBRA

OSSERVA ATTENTAMENTE L'IMMAGINE E DESCRIVILA CON UNA

BREVE DIDASCALIA SPIEGANDO COSA STA SUCCEDENDO.

....

....

....

....

NON TUTTO È COME SEMBRA

Osserva attentamente l'immagine e descrivila con una breve didascalia spiegando cosa sta succedendo.

....

....

....

....

....

NON TUTTO È COME SEMBRA

LA MAESTRA CHIEDE A LEO DI PORTARE I COMPITI A PAOLO PERCHÉ È AMMALATO. LEO VA A CASA DI PAOLO E CONOSCE I SUOI GENITORI. LA MAMMA DI PAOLO DICE A LEO DI ANDARE NELLA SUA STANZA, LEO ENTRA, GLI CHIEDE COME STA E POI GLI CONSEGNA I COMPITI. PAOLO LO RINGRAZIA, POI GLI CHIEDE SCUSA PER ESSERSI COMPORTATO MALE. LEO LO PERDONA, SI STRINGONO LA MANO E DIVENTANO AMICI.

RISPONDI

1. COSA CHIEDE LA MAESTRA A LEO?

....

....

2.DOVE VA LEO E CHI CONOSCE?

....

....

3. COSA DICE LA MAMMA DI PAOLO A LEO?

....

....

4. COSA FA LEO QUANDO ENTRA NELLA STANZA DI PAOLO?

....

....

5.COME SI COMPORTA PAOLO CON LEO IN QUESTA OCCASIONE?

....

....

6.COME SI CONCLUDE LA STORIA?

....

....

....

NON TUTTO È COME SEMBRA

La maestra chiede a Leo di portare i compiti a Paolo perché è ammalato. Leo va a casa di Paolo e conosce i suoi genitori. La mamma di Paolo dice a Leo di andare nella sua stanza.

Leo entra, gli chiede come sta e poi gli consegna i compiti. Paolo lo ringrazia, poi gli chiede scusa per essersi comportato male. Leo lo perdona, si stringono la mano e diventano amici.

RISPONDI

1.Cosa chiede la maestra a Leo?

....

2.Dove va Leo e chi conosce?

....

3.Cosa dice la mamma di Paolo a Leo?

....

4.Cosa fa Leo quando entra nella stanza di Paolo?

....

5.Come si comporta Paolo con Leo in questa occasione?

....

6.Come si conclude la storia?

....

....

NON TUTTO È COME SEMBRA

SEGUI IL VERSO DELLE FRECCE PER INSERIRE LE RISPOSTE.

								CHIEDE A LEO DI PORTARE I COMPITI A PAOLO. ↓
IL PAPÀ DI PAOLO. →					R			
PAOLO SI COMPORTA CON LEO DA… →			L			LO È LEO QUANDO ESCE DALLA CASA DI PAOLO. ↓	SE LA STRINGONO PAOLO E LEO. ↓	
LO DIVENTANO ALLA FINE PAOLO E LEO. →			C					
LE FA PAOLO A LEO ALLA FINE. →			S					
LA MAMMA DI PAOLO. →		E	R				N	
IL NOME DEL GATTINO. →		N						T
LA PROVA LEO QUANDO DEVE ANDARE A CASA DI PAOLO. →	N	S				C		R
LO RISOLVE LEO ALLA FINE. →		R					E	M

NON TUTTO È COME SEMBRA

Segui il verso delle frecce per inserire le risposte.

IL PAPÀ DI PAOLO. →					R			CHIEDE A LEO DI PORTARE I COMPITI A PAOLO. ↓
PAOLO SI COMPORTA CON LEO DA... →			L			LO È LEO QUANDO ESCE DALLA CASA DI PAOLO. ↓	SE LA STRINGONO PAOLO E LEO. ↓	
LO DIVENTANO ALLA FINE PAOLO E LEO. →				C				
LE FA PAOLO A LEO ALLA FINE. →				S				
LA MAMMA DI PAOLO. →			E	R			N	
IL NOME DEL GATTINO. →			N					T
LA FELICITÀ DI LEO SI TRASFORMA IN ... →		N	S			C		R
LO RISOLVE LEO ALLA FINE →		R				E	M	

NON TUTTO È COME SEMBRA

LEO È SPAVENTATO PERCHÉ LA MAESTRA GLI HA CHIESTO DI PORTARE I COMPITI A PAOLO; PENSA AL PEGGIO, TEME CHE SI COMPORTERÀ MALE CON LUI, MA ALLA FINE INASPETTATAMENTE DIVENTANO AMICI. LEO HA RISOLTO UN GROSSO PROBLEMA E FINALMENTE È SERENO. TRA LUI E PAOLO REGNA LA PACE.

MA LA PACE COS'È?

SCRIVI VICINO AD OGNI RAGGIO DI SOLE CHE COS'È PER TE LA PACE.

SERENITÀ

NON TUTTO È COME SEMBRA

Leo è spaventato perché la maestra gli ha chiesto di portare i compiti a Paolo; pensa al peggio, teme che si comporterà male con lui, ma alla fine inaspettatamente diventano amici. Leo ha risolto un grosso problema e finalmente è sereno. Tra lui e Paolo regna la pace.

MA LA PACE COS'È?

Scrivi vicino ad ogni raggio di sole che cos'è per te la pace.

SERENITÀ

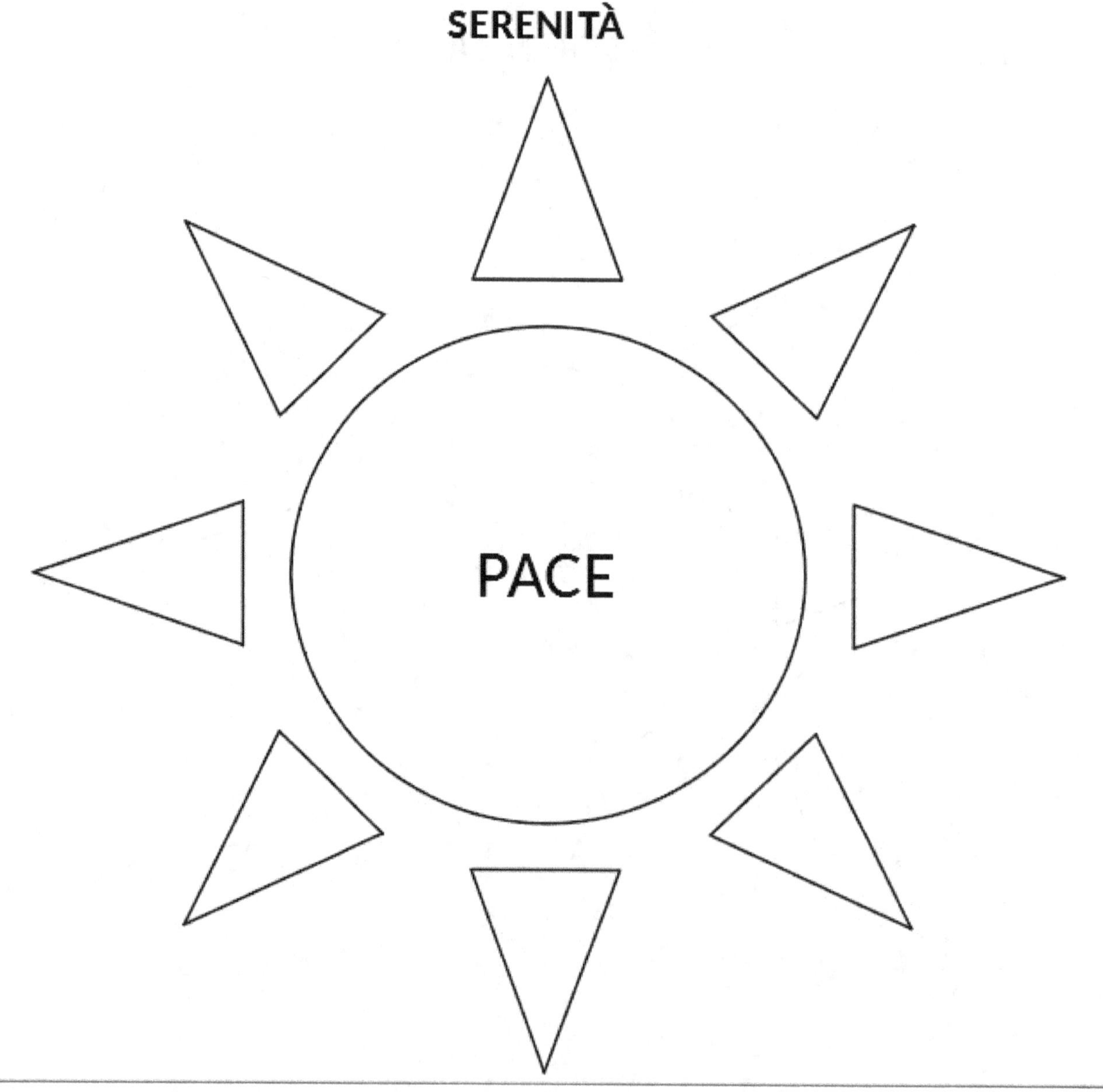

Fai una crocetta accanto alla risposta corretta.

1.Perché Leo non voleva andare a casa di Paolo a portargli i compiti?

- [ ] Non andava d'accordo con lui e aveva paura della sua reazione.
- [ ] Doveva andare a casa di Leo.
- [ ] Aveva paura di prendere l'influenza.

2.Com'era la mamma di Paolo?

- [ ] Scontrosa e maleducata.
- [ ] Dolce e sorridente.
- [ ] Energica e simpatica.

3.Com'era il papà di Paolo ?

- [ ] Scontroso e duro.
- [ ] Simpatico e giocherellone.
- [ ] Polemico e noioso.

4.Cosa stringeva tra le mani Paolo quando Leo entrò nella sua stanza?

- [ ] Un orsacchiotto.
- [ ] Un pallone.
- [ ] Un cuscino.

5.Perché tentò di nasconderlo quando arrivò Leo?

- [ ] Aveva paura che Leo glielo rubasse.
- [ ] Temeva di essere preso in giro.
- [ ] Non voleva che si sapesse che dormiva con un orsacchiotto.

6.Come si conclude il racconto?

- [ ] Paolo chiese scusa a Leo e diventarono amici.
- [ ] Paolo disse a Leo di non andare più a casa sua.
- [ ] Paolo prese in giro Leo e litigarono.

Riordina le parole e componi frasi corrette.

1

a - compiti - chiede - La

Paolo - Leo - maestra

a - di - portare - i

2

dispetti - Leo

Paolo - teme - che

faccia - i - gli

1 ....

....

....

2 ....

....

....

3

Paolo - di - accoglie

con - Leo - gioia - è

vederlo - felice - ed

4

Paolo - e - la - si

amici - Leo - mano

diventano - stringono

3 ....

....

....

4 ....

....

....

NON TUTTO È COME SEMBRA

Leo non se la sentiva di andare a casa di Paolo, ma poi ha scoperto che non era quello che credeva lui e alla fine sono diventati amici.

Prova ad inventare un finale diverso.

COMPLETA

La maestra dice a Leo di recarsi a casa di ....

....

Leo è molto preoccupato perché teme che ....

....

Arrivato a casa di Paolo suona il campanello e gli apre la porta ....

....

Entrato in casa nota sul divano Umberto ....

....

Poi la mamma di Paolo lo invita ad entrare in camera di ....

Paolo è steso nel letto con un ....

Leo e paolo cominciano a parlare e alla fine diventano ....

Leo è molto .... finalmente ha risolto ....

....

NON TUTTO È COME SEMBRA

Leo è spaventato perché la maestra gli ha chiesto di portare i compiti a Paolo; pensa al peggio, teme che si comporterà male con lui, ma alla fine inaspettatamente diventano amici. Leo ha risolto un grosso problema e finalmente è sereno. Tra Paolo e Leo regna la PACE.

Ma la pace cos'è?

Continua l'elenco scrivendo cos'è per te la pace.

La pace è...

- Rispettare gli altri.

- Volersi bene.

- ....

- ....

- ....

- ....

- ....
- ....
- ....
- ....
- ....

IL BULLISMO

Leggi attentamente.

Leo e Paolo sono diventati amici e tutto è finito bene, ma non sempre le cose sono così semplici. Talvolta queste situazioni peggiorano a tal punto da diventare gravi atti di bullismo. Il bullismo come già sai è una forma di prepotenza da parte di uno o più persone che vogliono schiacciare e sottomettere chi è più debole. Il bullo di solito vuole impaurire e spaventare gli altri con atteggiamenti aggressivi e prepotenti per essere ammirato e avere successo tra i suoi compagni. Talvolta agisce da solo ma spesso si serve del gruppo. In realtà, come Paolo, spesso è una persona debole con grossi problemi che ha paura di non essere accettato dagli altri.

E per finire, ecco alcuni consigli su come difendersi dai bulli.

1. Se qualcuno ti prende in giro e ti insulta ricorda che non sei tu ad essere sbagliato.

2. Non abbassarti al suo livello rispondendo nello stesso modo in cui ti lui ha provocato ma trova il modo di contrastarlo diversamente, mantieni sempre la calma, al bullo non piace l'indifferenza.

3. Se proprio non riesci a contrastarlo da solo chiedi aiuto ad un adulto.

4. Se conosci un bambino vittima di bullismo aiutalo, ascoltalo e dagli il tuo supporto, convincilo a raccontare tutto ad un adulto, se non lo fa dillo all'insegnante.

ORA PROVA A CREARE UNO SLOGAN CONTRO IL BULLISMO

EPILOGO

I miei racconti per ora finiscono qui, è stato bello condividerli con voi. Le storie che vi ho raccontato non sono le sole che io ed Edo abbiamo vissuto. Insieme abbiamo affrontato tanti ostacoli ma ci siamo anche divertiti tanto. Nella mia memoria ci sono moltissimi ricordi indelebili che mi accompagneranno per sempre, ma prima di salutarvi miei cari amici, vi lascio alcuni consigli:

- Avere un amico è un grande dono e privilegio, non datelo mai per scontato,
- Più si è più ci si diverte, non limitate la vostra cerchia di amicizie.
- La realtà non è sempre come appare, non valutate una persona in base all'aspetto esteriore ma cercate di comprendere quello che è realmente.
- Non abbiate timore di non farcela, chi non rischia non ottiene nulla.
- Non abbiate paura di fare errori, sbagliare è umano e sbagliando si impara.
- Non maltrattate gli animali, anche loro hanno dei sentimenti e provano delle emozioni.
- Se avete un problema grande che non riuscite a risolvere parlatene sempre con un adulto.
- E per finire ricordate sempre che i sogni son desideri, non smettete mai di sognare.

INDICE

Sei un insegnante e vuoi pubblicare il tuo progetto scolastico e distribuirlo mondialmente?

Contattaci al seguente indirizzo e-mail: info@whale-education.co.uk

Sarai messo in contatto con l'editore per la nazione Italia che ti fornirà maggiori informazioni.

ISBN: 9781913964641

Authors: Marialuisa Arisi
Cover Illustration: Vanessa Barbiero
Cover and Book design: Wolf Graham
Editor: Wolf Graham

Imprint: Whale Education
Scotland
www.whale-education.co.uk

FINITO DI STAMPARE NEL MESE DI NOVEMBRE 2022

DA

ROTOMAIL ITALIA S.p.A.